게임의 사회학

게임의 사회학

리니지와 WoW의 로그 데이터에서 찾은 현실 세계의 알고리즘

이은조 지음

들어가며

에드워드 캐스트로노바Edward Castronova는 그저 그런 경제학자였다. 주류 경제학자를 꿈꿨으나 현실은 그의 기대와 사뭇 달랐다. 1991년에 경제학 박사학위를 받은 그는 그 후 10년 동안 대학의 조교수로 지내면서 남들이 인용해주지 않는 논문을 몇 편 발표했을 뿐이었다. 경제적인 이유로 부인은 다른 도시에서 일하고 있었기에 퇴근 후 집에 돌아오면 그는 외로움을 달래기 위해 몇 시간씩 게임을 즐기곤 했다.

당시 그가 즐기던 게임은 〈에버퀘스트EverQuest〉로, 전 세계적으로 수십만 명의 사람이 즐기던 대규모 다중접속 역할수행게임Massively Multiplayer Online Role Playing Game(이하 MMORPG)이었다. 그는 사람들이 가상 세계 속에서 동물 사냥을 통해 모피를 모아 다른 부유한 캐릭터에게 판매하며 부를 축적하는 과정이 흥미로웠다. 심지어 게임에서 축적한 가상 재화를 이베이를 통해 현실 세계에서 사고판다는 점이 무엇보다 놀라웠다. 이를테면 이베이에는 게임에서 얻은 '거대 거북의 벨트'나 '원시 바다의 로브' 같은 아이템을 다른 사람에게 40달러에 팔겠다는 게시물이 올라오곤 했다. 심지어 가상 세계 속 화폐인 '플래티넘 조각' 50만 개를 무려 천 달러나 주고 사는 사람도 있었다.

그동안 게임을 그저 외로움을 달래는 유흥거리로만 여겼던 그는 문득 여기에 게임 마니아들의 특이한 행위 이상의 의미가 있다는 사실을 깨달았다. 이것은 일종의 국가 간 통화거래나 국제무역과 비슷한 행위였다. 게임 활동은 일종의 경제활동이었으며, 가상 세계 속 재화는 실질적인 가치가 존재했다. 따라서 게임 속 가상 경제도 현실 경제처럼 분석하지 못할 것은 없어 보였다. 캐스트로노바는 자신의 전공을 살려 이 점을 좀 더 깊게 파고들어 보기로 결심했다. 그는 이베이에 올라온 수천 개 이상의 게임 아이템 경매 목록을 조사하는 한편, 〈에버퀘스트〉 속 세상에 거주하는 게임 캐릭터들에게 설문 조사를 요청했다.

모든 자료 조사를 마친 후 2002년 1월에 그는 사회과학연구 네트워크Social Science Research Network(이하 SSRN)라는 온라인 연구 커뮤니티에 〈가상 세계: 사이버 프런티어의 시장과 사회에 관한 직접적인 설명Virtual Worlds: A First-Hand Account of Market and Society on the Cyberian Frontier〉이라는 논문을 발표한다.[1] 이 논문은 공식적으로 알려진 최초의 가상 세계 경제에 관한 연구였다. 논문의 초록은 다음과 같다.

1999년 3월, 캘리포니아에 사는 몇몇 사람은 '노라스Norrath'라고 부르는 신대륙을 발견했다. 그곳은 이국적이면서도 근면한 사람들이 사는 곳이었다. 약 1만 2,000명의 사람이 이곳을 자신들의 주 거주지라고 불렀으며, 6만 명 정도는 정해진 시간마다 그 장소에 방문했다. 이 나라의 시급은 약 3.42달러이고 1인당 GNP는 러시아와 불가리아의 중간 정도다. 노라스의 통화가치는 약 0.0107달러인데, 이것은 엔이나 리라보다 높은 것이다. 경제는 극단적인 불평등을 특징으로 하지만, 많은 사람은 이곳에서의 삶에 매력을 느낀다. 매일 전 세계, 특히 미국에서 유입되는 수백 명의 이민자로 인해 인구는 빠르게 늘어나고 있다. 가장 흥미로운 점은 아마 이 신대륙의 위치일 것이다. 노라스는 샌디에이고에 있는 40대의 컴퓨터 안에 존재하는 가상 세계다. 많은 인터넷 벤처와는 달리 가상 세계는 돈을 벌어들이고 있었는데, 2004년까지 연간 15억 달러 이상의 매출이 기대된다. 만약 다른 인터넷 혁신처럼 네트워크 효과가 여기에서도 강력하게 발휘된다면, 얼마 지나지 않아 가상 세계가 모든 온라인 활동의 핵심 장소가 될 것이다.

이 연구는 사실 순전히 개인적인 흥미로 시작한 작업이었다. 그래서 캐스트로노바는 이 논문을 SSRN에 공개할 때만 해도 그리 큰 기대를 하지는 않았다. 훗날 인터뷰에서 그는 그저 조회 수가 수십 회 정도 될 것이라 예상했고, 그 정도만 되어도 멋지겠다고 생각했다고 회고했다.

이번에도 현실은 그의 예상과 달랐다. 그의 논문이 공개되자 처음에는 〈에버퀘스트〉를 좋아하는 마니아를 통해 게임 관련 커뮤니티에 소개되며 회자하기 시작했다. 〈에버퀘스트〉 사용자들은 이 논문을 공유하며 열렬하게 토론했다. 곧이어 유명 블로그 사이트에 관련 게시물이 올라오기 시작했다. 좀 더 시간이 지나자 이번에는 특이한 자료를 좋아하는 언론의 관심을 끌었다. 이렇게 언론과 커뮤니티를 통해 그의 연구가 소개되기 시작한 지 얼마 지나지 않아 그의 논문은 SSRN에서 가장 많은 다운로드 횟수를 기록했다.[2] 마침내 다른 사회과학 연구자부터 정부의 경제 관료에 이르기까지 많은 사람이 그가 연구한 가상 세계의 매력에 빠져들었다. 순식간에 그는 각종 미디어나 학술회의의 초청을 받는 가장 인기 있는 경제학자 중 한 사람이 되었다.

전혀 예상치 못하게 폭발적인 관심을 받은 그는 이후 가상 세계와 게임에 관한 글을 여럿 발표했으며, 그와 연구 활동을 함께하는 동료들과 함께 테라노바Terra Nova[3]라는 게임 연구 블로그를 만들어 활동을 활발히 이어갔다. 마침내 그는 자신의 독창적인 연구 활동과 관련 업적을 인정받아 2004년에 인디애나 주립대 종신교수가 된다. 그가 오래전에 기대했던 주류 경제학자의 꿈은 미처 기대하지 않았던 시기에 전혀 상상하지 못했던 방식으로 이뤄졌다. 요새 말로 표현하면 그는 진정한 '성덕(성공한 덕후)'이었다.[4]

도대체 왜 사람들은 그의 연구에 이렇게 열광했던 것일까? 그전까지 사람들은 게임 속 가상 세계는 현실과 단절된 세상이라고 생각했다. 이것은 어찌 보면 과거 오랜 시간 동안 비디오 게임을 통해 익숙해진 편견이었다. 온라인 게임이 등장하면서 비디오 게임 속 폐쇄된 공간은 경계가 무너졌고, 심지어 MMORPG가 등장하면서 사람들은 가상 세계 속에서 다른 사람들을 만나고 그들과 여러 가지 활동을 주고받으며 관계를 형성했지만, 여전히 가상 세계가 현실 세계와 서로 얽혀 있다는 점을 생각하지 못했다. 그런데 캐스트로노바의 연구를 통해 온라인 게임 속 가상 세계 역시 우리가 사는 세상의 한 부분이며, 그 안에서 수행하는 활동들이 현실 세계와 서로 영향을 주고받을 수 있다는 점을 깨달은 것이다.

MMORPG 속 가상 세계는 얼핏 보기에 용과 마법이 등장하는, 현실과 전혀 다른 세상처럼 보였지만 자세히 들여다보면 현실 세계와 매우 유사한 경제·사회 체제가 구축되어 있었다. 가상 세계 속에서 수행하는 사람들의 다양한 활동은 표면적으로 보면 그저 유희를 추구하기 위한 행동 같았으나 실상은 현실 세계에서 우리가 하는 행동과 크게 다르지 않았다.

그들은 가상 세계 안에서도 생산이나 소비, 물물교환, 경매 등의 경제활동을 하고 있었으며, 가상 세계 속에서 알게 된 사람들과 친구 관계를 맺거나 공통 이익을 추구하기 위해 조직을 만들어 서로 경쟁하거나 협력했고, 이 과정에서 크고 작은 다툼을 벌이는 등 다양한 사회적 관계를 주고받았다. 심지어 현실 세계와 유사한 범죄 행위들이 생기기도 했고 개중에는 마치 마피아와 비슷한 범죄 조직을 결성하는 사례도 있었다. 즉, 겉으로 보이는 형태만 다를 뿐 그들이 하는 행태는 비슷했다. 캐스트로노바의 표현을 빌리자면, 사람들이 경제·사회 활동을 하는 데 있어서 중요한 것은 장소가 아니라 관계였다.

이렇듯 사람들이 가상 세계에서도 현실과 다름없는 행태를 보인다면 현실 사회를 연구하듯 가상 세계 속 사회도 연구하지 못할 법은 없을 터였다. 어쩌면 가상 세계를 연구하는 것이 현실 세계를 이해하는 데 도움이 될지도 모르며, 심지어 그동안 사회과학이 갖고 있던 한계를 돌파하는 데 중요한 역할을 할지도 모른다. 이것이 여러 사회학자가 캐스트로노바의 연구에 주목하며 가상 세계에 관심을 두게 된 이유였다.

하지만 엄밀히 말해 캐스트로노바는 많은 사람의 주목을 받은 성공한 경제학자이기는 했지만 여전히 경제학계의 주류에는 들어가지 못했다. 그는 자신의 논문이 큰 주목을 받은 후 경제학술지에 정식으로 게재하려고 노력했지만, 그의 논문을 받아주는 곳은 어디에도 없었다. 이것은 당시 주류 학계의 편견 때문일 수도 있겠지만, 한편으로는 캐스트로노바의 책임도 없지 않았다.

그의 연구는 대단히 독창적이고 흥미로웠으나 세부적인 논리 전개나 자료 정리에서 허술한 면도 많았기 때문이다. 특히 그는 지나치게 경제학적인 관점에 매몰되었기 때문인지 게임 안에서 사용자들이 하는 모든 활동을 현실 세계에서 이윤을 추구하는 경제활동과 지나치게 동일시하여 이론을 전개하는 경향이 있었다.[5] 즉, 그는 게임을 지나치게 도구적 관점에서 바라보았다. 그는 가상 세계가 현실 세계에서 수행하기 어려운 여러 가지 사회 실험을 진행할 수 있는 훌륭한 실험 장치를 제공할 수 있다고도 주장했다. 일리 있는 주장이긴 했으나 사람들이 재미를 추구하기 위해서가 아니라 공익 실험에 참여하기 위해 기꺼이 게임을 할 것이라는 기대는 비현실적인 생각이었다. 실상 스스로도 퇴근 후 외로움을 달래기 위해 〈에버퀘스트〉의 세계에 빠져들었으면서도 사람들이 재미를 위해 게임을 한다는 점을 간과한 점은 아이러니하다.

이런 한계가 있지만 그가 게임 경제학이라는 새로운 분야를 개척한 선구자라는 점에 논란의 여지는 없다. 말하자면 캐스트로노바는 노라스라는 신대륙을 발견하고 세상에 알린 콜럼버스였다. 콜럼버스의 아메리카 대륙 발견이 대항해시대를 열었듯이, 캐스트로노바의 연구는 가상 세계에 대한 연구자들의 관심을 촉발한 계기가 되었다.

*

이 책은 가상 세계에 관한 여러 가지 사회과학적 연구를 소개한다. 나는 이 책에서 게임을 대상으로 한 경제, 경영, 심리, 법률, 윤리 등 다양한 사회과학 분야의 연구 사례를 소개하고자 한다. 이를 통해 내가 이야기하고 싶은 점은 크게 두 가지다.

첫째, 가상 세계의 사회과학적 가치다. 게임 속 가상 세계는 현실 세계를 어설프게 흉내 내는 수준을 넘어 현실 세계와 유사한 구조를 갖추고 있다. 앞서 언급했듯이 사람들이 가상 세계에서 하는 행태는 현실 세계와 크게 다를 바가 없다. 따라서 가상 세계에 관한 연구는 현실 사회를 연구하는 것 못지않은 가치가 있다고 생각한다.

물론 아무리 정교하고 복잡한 MMORPG라 하더라도 아직은 현실 사회의 그것에 비할 바는 아니다. 또한 사람들에게 주어지는 환경이나 활동 목적도 다르므로 이로 인한 차이도 무시하지 못한다. 대신 가상 세계에는 현실 사회에서 얻을 수 있는 것보다 훨씬 더 정밀한 관측 데이터가 있다. 가상 세계는 디지털로 이뤄져 있으며 여기서 사람들이 하는 행동이나 일어나는 사건은 모두 게임 서버를 통해 기록되고 저장되기 때문이다. 이런 자료를 '로그 데이터log data'라고 부르는데, 이 로그 데이터를 분석하면 누가 언제 어디서 무엇을 어떻게 했는지 상세한 정보를 알 수 있다. 따라서 현실 세계에서는 분석하기 힘든 사건이나 현상도 로그 데이터를 이용하면 더욱 세밀하게 관측하고 분석할 수 있다.

정리하자면, 가상 세계는 현실 세계만큼 정교하지 못하며 사람들의 행태도 완전히 같지는 않다. 하지만 현실에서는 불가능한 수준의 세밀한 관측 데이터를 이용할 수 있다. 사실 가상 세계와 현실 세계의 차이가 더 클지, 아니면 현실 세계에서 얻을 수 있는 정보의 한계가 더 클지는 잘 모르겠다. 다만 여기서 내가 주목하고 싶은 점은 이 둘이 갖는 한계점이 서로 다르다는 것이다. 이렇게 한계가 다르다는 점은 어느 것 하나가 완전한 대안이 될 수 없다는 의미도 되지만, 긍정적으로 보자면 서로의 한계점을 보완해 상승효과를 낼 가능성도 크다는 의미가 된다. 바로 이런 측면에서 가상 세계는 사회과학적으로 가치와 가능성이 있다고 생각한다.

이 책의 전반부인 1~3장은 이와 관련한 주제를 다루고 있다. 세상의 종말이 다가왔을 때 인류는 어떻게 행동할 것인가? 치명적인 바이러스로 인한 팬데믹 상황에서 우리가 취해야 할 올바른 정책은 무엇일까? 가장 합리적인 보상 정책은 무엇일까? 혹시 사람들은 큰 보상이 주어지면 더는 열심히 일하지 않게 되지는 않을까? 조직 관리를 위해 필요한 요소는 무엇일까? 사람들이 조직에서 떠나고 조직이 쇠퇴하는 것을 미리 알 수 있는 신호는 무엇일까? 이와 같은 다양한 사회학적인 질문에 대한 답을 찾는 데 게임이 어떤 도움이 될 수 있는지 살펴보고자 한다.

이 책의 두 번째 주제는 가상 세계와 현실 세계가 서로 밀접한 영향력을 주고받는 하나의 세계를 이룬다는 점이다. 가상 세계가 아무리 현실 세계와 유사하더라도 현실과 전혀 관련 없이 동떨어진 세계라면 사회과학적인 가치는 제한될 수밖에 없을 것이다. 그러나 실제 온라인 게임 속 가상 세계는 개인의 심리나 행동, 각종 사회적 쟁점, 심지어 국가 무역과 같은 경제 활동에 이르기까지 다양한 영역에서 현실과 영향을 주고받는다. 책의 후반부인 4~6장은 이와 관련된 주제를 다루고 있다.

앞서 캐스트로노바의 연구를 소개하면서 간략히 언급했듯이, 아이템 현금 거래는 가상 세계의 재화에 실질적인 가치를 부여함으로써 현실 경제와 영향을 주고받는다. 심지어 아이템 현금 거래로 인해 새로 등장한 직업이나 기업도 있다. 만약 가상 세계가 더욱 성장한다면 이 때문에 산업의 개념이 바뀌지 말란 법도 없을 것이다.

또한 가상 재화가 현실의 화폐와 직접 연결되면서 이를 노리는 사기나 해킹 등의 범죄가 발생하고 있다. 심지어 이런 불법행위는 현실 세계의 금융 범죄나 돈세탁, 탈세 등의 사회 문제와 긴밀히 연결되기도 한다. 따라서 가상 세계에서의 경제활동은 현실과 동떨어진 문제가 아니다. 가상 세계에서의 노동은 현실에서 어떤 의미를 갖는가? 가상 세계 재화나 경제활동이 현실 경제 지표에 미치는 영향은 무엇일까? 가상 세계 범죄는 누가 어떻게 어떤 법적 근거로 처리해야 할까? 가상 세계 서비스가 점점 발달할수록 우리는 이런 문제를 좀 더 진지하게 고민해야 한다.

한편, 심리학에서 진행된 여러 연구에 따르면 사람들은 다른 사람의 행동에 쉽게 영향받는다. 누군가의 행동이나 모습을 무의식적으로 흉내 낸다거나 누군가에게 도움을 받은 사람은 그 역시 다른 이를 돕는 경향이 높은 '호혜성reciprocity'이 대표적인 예다. 그런데 몇몇 연구에 따르면 이러한 호혜성이나 행위의 전파는 가상 세계 속 캐릭터 사이에서도 관측할 수 있으며, 심지어 가상 세계와 현실 세계의 경계를 넘어서도 가능하다고 한다. 만약 이렇게 가상 세계와 현실 세계가 서로의 행동과 심리에 미치는 영향을 무시할 수 없다면, 우리는 가상 세계가 현실 세계와 동떨어진 것이 아니라 하나의 사회를 이루고 있다고 볼 수 있지 않을까?

*

고백하자면 나는 전문 연구자도 아니고 심지어 사회과학과는 거리가 먼 분야를 전공했다. 그러므로 여기서 소개하는 연구들이 사회과학 전공자의 눈에는 어설프게 비칠 수 있으리라 짐작한다. 더군다나 게임을 대상으로 한 연구는 양과 질 측면에서 기존 현실 세계 연구에 비해 상당히 조악한 수준일지도 모른다. 이는 아무래도 전문적인 사회과학자가 게임을 연구하기에는 여러 가지 제약이 많기 때문일 것이다.

가장 큰 문제는 자료 확보의 어려움이다. 어느 분야든 마찬가지겠지만 연구에 필요한 자료는 항상 부족한 법이다. 그런데 게임 속 가상 세계에 관한 자료를 연구 목적으로 활용하기에는 아직 넘어야 할 장벽이 높다. 현실 세계는 공공의 목적을 위해 공개되는 자료나 정부 기관 등을 통해 진행되는 과제에서 다양한 자료를 확보할 수 있지만, 게임 분야는 그런 체계가 거의 없다. 아마도 게임 회사로서는 가상 세계에 관한 사회과학적 연구의 필요성을 딱히 느끼지 못하기 때문일 것이다. 따라서 캐스트로노바의 연구 이후 많은 연구자가 게임을 연구하기 위해 뛰어들었으나 20년 가까이 지난 지금까지도 이 분야의 발전은 더디기만 하다.

나는 게임 회사에 소속되어 대개 서비스 개선이나 운영을 위한 여러 가지 데이터 분석 프로젝트를 수행하고 있다. 몇몇 프로젝트에서 단편적으로나마 게임 사용자의 행태를 분석하면서 이와 관련된 사회과학 연구를 접했고, 이를 통해 가상 세계에 관한 사회과학적 연구의 가능성을 깨달았다. 사실 이런 가능성을 깨달은 지도 벌써 10년 가까이 되었으나 여전히 어떻게 이 연구들을 발전시켜야 할지 막막하기만 하다. 몇몇 산학 연구 과제나 외부 행사를 통해 방대한 게임 데이터 중 일부를 공유하거나 일부 연구자와 제한적인 교류를 통해 연구를 같이 수행한 정도가 고작이다. 외국도 상황은 비슷한 듯하다. 내가 접한 (그리고 이 책에서 소개할) 외국의 논문들도 제한된 자료를 최대한 활용해 힘겹게 연구를 수행한 흔적이 느껴진다.

이런 이유 때문인지 캐스트로노바의 논문이 발표된 지 20년이 지났어도 게임 사회학은 여전히 학문적 유아기 수준에서 크게 나아가지 못한 상태다. 이렇게 연구 수준이 낮다 보니 초반에 큰 관심을 보이던 사람들도 지지부진한 결과에 실망하여 등을 돌린 경우가 많다. 그렇지만 이 분야의 가능성은 여전히 크다고 생각한다. 혹시라도 훌륭한 연구자나 게임 업계의 영향력 있는 분들이 이 책에서 소개한 여러 가지 사례를 통해 이 분야에 관심을 두고 뛰어들었으면 하는 바람이 있다.

흔히 끝은 또 다른 시작을 의미한다고 한다. 그런 의미에서 이 책의 시작에서 세상의 종말에 대해 한번 알아보도록 하자.

차례

1부 게임

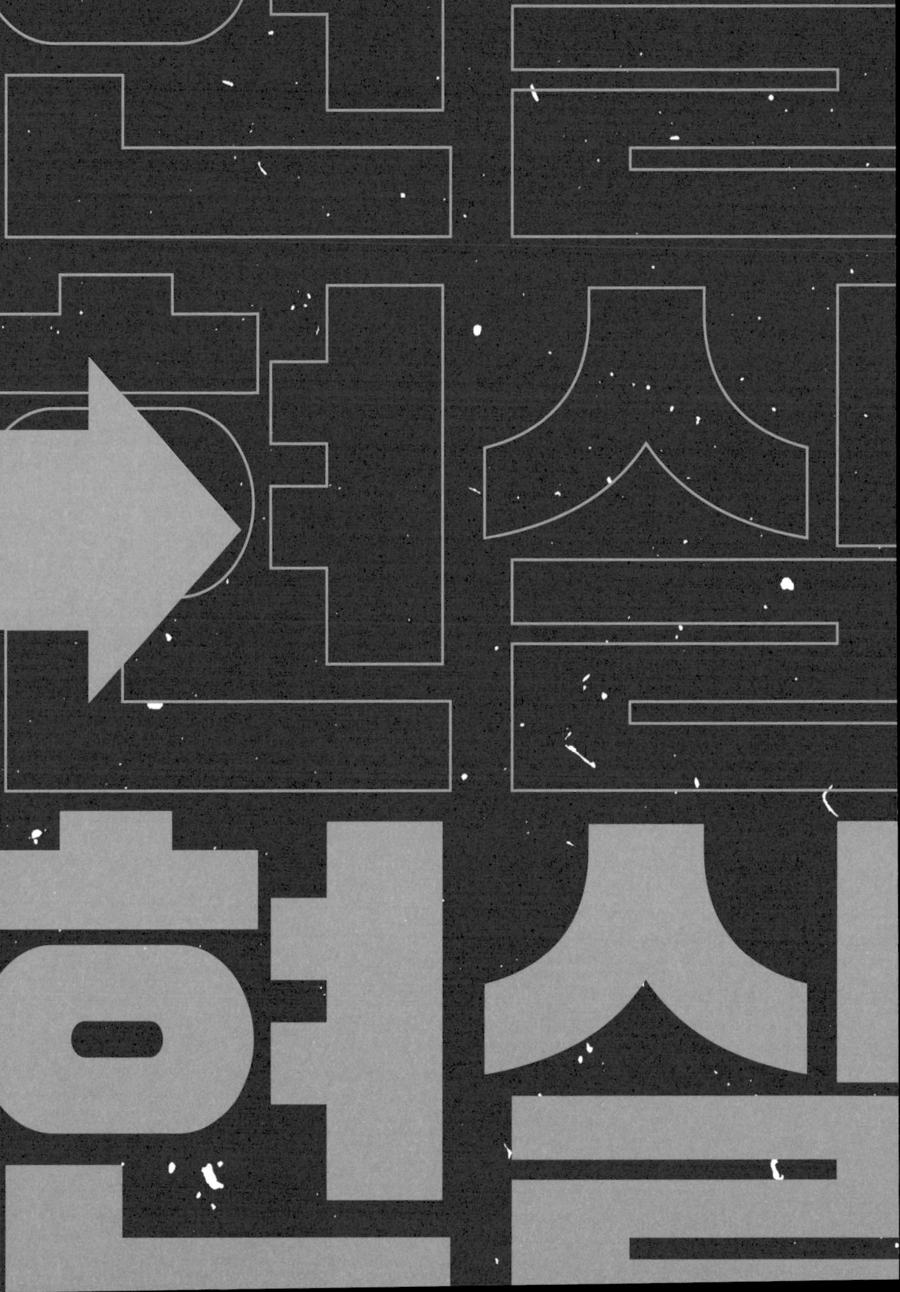

1장

종말과 팬데믹

서비스 종료, 게임 최후의 날

종말을 서비스하다

일본 역할수행 게임Role Playing Game(롤플레잉게임, 이하 RPG)을 좋아하는 사람이라면 아마 〈파이널 판타지Final Fantasy〉 시리즈를 모르지 않을 것이다. RPG의 명가인 스퀘어에닉스에서 1987년에 처음 1편을 출시한 이후 열다섯 개의 메인 시리즈와 여러 개의 확장판이 나왔으며, 지금까지 총 1억 장이 넘게 판매되어 역사상 가장 성공한 RPG 중 하나로 손꼽힌다. 많은 사람이 전체 시리즈 중 7편을 최고의 작품으로 꼽지만, 또 다른 측면에서 게임 사용자들 사이에 널리 회자하는 게임은 〈파이널 판타지 14(이하 〈파판 14〉)〉다.

〈파판 14〉는 온라인 게임 버전으로 출시되었는데, 출시되자

마자 역대 시리즈 중 가장 형편없는 실패작으로 평가받았다. 엉성한 사용자 환경, 게임 실행이 거의 불가능할 정도의 서버 지연 현상, 불친절한 도입부, 기괴한 전투 체제, 이해할 수 없는 줄거리 등 거의 모든 면에서 스퀘어에닉스에서 만든 것이라고 보기에는(그리고 〈파이널 판타지〉 시리즈라고 하기에는) 믿어지지 않을 만큼 최악의 결과물이었다. 이 때문에 제작사인 스퀘어에닉스의 주가는 폭락했고 당시 최고경영자였던 와다 요이치和田洋一는 이에 대한 책임을 지고 물러났다.

이후 경영진은 기존 게임 디렉터와 프로듀서를 경질하고 새로운 디렉터를 투입하는데, 그는 당시 스퀘어에닉스의 또 다른 간판 RPG인 〈드래곤 퀘스트XDragon Quest X〉의 제작 총괄을 담당하던 요시다 나오키吉田直樹다. 〈파판 14〉의 새로운 디렉터가 된 요시다는 기존 버전이 갖고 있던 수많은 문제점 중 당장 고칠 수 있는 것부터 하나씩 해결하는 한편, 전반적인 리부트 버전 개발에 착수한다. 그런데 여기서 그는 한 가지 기발한 착상을 떠올린다. 기존 게임 서비스를 단순히 끝내고 리부트 버전을 시작하는 게 아니라 〈파이널 판타지〉 속 가상 세계인 에오르제아가 거대한 재앙에 의해 멸망하고 새로운 세계가 시작된다는 설정을 적용함으로써 자연스럽게 기존 버전을 리부트 버전으로 대체하겠다는 것이다. 이를 위한 배경 설정은 다음과 같았다.

> 에오르제아의 북쪽에는 갈레말이라는 대국이 존재했다. 갈레말은 세계를 정복하겠다는 야욕을 품고 에오르제아를 침략한다. 전쟁이 막바지에 접어들자 이들은 에오르제아를 멸망시키기 위해 강력한 마법의 힘을 빌려 달의 위성인 달라가브를 에오르제아로 떨어뜨린다. 이윽고 갈레말과 에오르제아의 마지막 전투가 벌어지고 달라가브가 지상으로 떨어지기 직전, 달라가브에 숨어 있던 바하무트라는 고대의 신이 나타나 에오르제아를 불바다로 만들며 전 세계가 종말의 위기에 처한다. 결국 모두가 죽음을 맞이하려는 순간 루이수아라는 에오르제아의 현자가 사람들(서비스 종료 시점까지 게임을 실행하던 캐릭터 및 가상 세계 속 NPC 들)을 5년 후로 타임리프시키고 자신은 남은 힘을 다 바쳐서 바하무트와 함께 죽음을 맞이한다.

그리하여 〈파판 14〉 개발팀은 서비스 종료를 위해 여러 요소를 하나씩 바꿔가면서 게임 속 가상 세계에 서서히 종말의 분위기를 더한다. 이들은 우선 게임 속 하늘에 작게 떠 있던 달라가브의 크기를 조금씩 키워 떨어지는 느낌을 주기 시작했다. 또한 원래는 안전지대로 설정된 도시에 몬스터들이 쳐들어오기 시작했으며, 종료 시점이 가까워질수록 몬스터들이 더 강력해졌다. 심지어 게임 안의 여관에서 사용자들의 캐릭터가 휴식을 취하면 무작위로 캐릭터를 골라 주변에 있는 모든 사용자 캐릭터나 사용자 이외의 캐릭터Non-Player Character(이하 NPC)가 죽임을 당한 모습을 보고 놀라는 악몽을 꾸게 하는 장치도 심어놓았다.

이렇게 게임 사용자들은 점점 게임 속 세상이 멸망하는 상황을 체험했고, 개발팀의 리부트 계획을 알지 못했던 게임 사용자들도 점점 상황이 흥미롭게 돌아가고 있음을 눈치채기 시작한다. 서비스 종료일이 다가올수록 에오르제아 전반에 걸쳐 진행되는 종말 설정에 사람들의 관심이 뜨거워졌다. 도시에 쳐들어오는 몬스터들의 공격을 막기 위해 자신이 가진 모든 재화를 털어 방어에 전념하는 사용자가 있는가 하면, 심지어 이전에 게임을 떠났던 사용자가 에오르제아의 종말을 직접 경험하기 위해 돌아오는 사례도 있었다.

마침내 서비스 종료 당일, 하늘을 가득 채운 붉은색 위성의 모습과 함께 서비스가 끝나고 곧이어 마지막까지 접속해 있던 사용자들을 위한 한 편의 동영상이 재생된다. 이 동영상에서는 에오르제아와 갈레말 제국이 마지막 전투를 벌이는 중에 바하무트에 의해 모든 것이 파괴되고 마지막 순간에 캐릭터들이 모두 어딘가로 타임 리프되는 모습이 아름다운 배경음악과 함께 화려한 영상으로 펼쳐졌다. 또한 동영상의 마지막에는 'But every end marks a new beginning……(하지만 모든 끝은 새로운 시작을 의미한다……)'이라는 문구와 함께 조만간 리부트된 서비스로 다시 찾아오겠다는 제작진의 공지가 이어졌다.[1] 특히 감동적인 부분은 마지막을 장식한 참여자 명단 영상이었다. 〈파판 14〉의 엔딩 크레디트는 무려 1시간 38분 동안 이어졌는데, 여기에는 게임 제작진뿐만 아니라 종료 시점까지 남아준 게임 사용자들의 이름이 모두 들어가 있었기 때문이다. 이 때문에 〈파판 14〉는 엔딩 크레디트가 가장 긴 게임으로 《기네스북Guinness book》에 올랐다. 이렇듯 게임 역사상 가장 큰 실패작이었던 〈파판 14〉는 게임사에 길이 남을 인상적인 종말 콘텐츠를 사용자들의 기억 속에 각인한 채 서비스를 끝낸다.[2] 물론 제작진의 리부트 약속은 훌륭하게 지켜졌다. 새로운 〈파판 14〉는 그간의 혹평을 모두 뒤집으며 큰 성공을 거뒀고, 위기에 몰렸던 스퀘어에닉스는 다시 RPG 명가의 자존심을 지켰다.

이 사례는 실패한 게임이 리부트를 통해 성공한 거의 유일한 사례라는 점뿐만 아니라 서비스 종료 자체를 게임 안에 훌륭하게 녹여냈다는 점에서 여러모로 찬사를 받고 있다. 더불어 이것은 가상 세계를 통하면 심지어 인류의 종말마저도 대리

〈그림 1〉 하늘을 가득 채운 채 점점 다가오는 위성을 바라보며 세상의 종말을 기다리는 〈파판 14〉의 캐릭터들.[3]

체험할 수 있다는 점을 보여줬다는 측면에서 연구자들의 흥미를 끄는 사례다.

〈파판 14〉에서는 게임 제작사가 종말을 콘텐츠화했다면, 반대로 게임 사용자들이 평범한 서비스 종료를 감동적인 콘텐츠로 만든 사례도 있다. 이 사건은 에오르제아가 멸망하기 몇 년 전 〈심즈The Sims〉라는 가상 세계에서 벌어졌다.

종말을 기록하다

2000년대 초반에는 다양한 온라인 게임이 등장했다. 일인칭

슈터First Person Shooter(이하 FPS) 게임 같은 대전류 게임이나 퍼즐 게임, MMORPG 등이 인기를 끌었는데, 개중에는 어떤 목표를 달성하기보다는 가상 세계 체험 자체를 목적으로 둔 게임도 있었다. 대표적인 예가 〈세컨드 라이프Second Life〉였다. 이 게임은 제목처럼 가상 세계에서 제2의 삶을 사는 것이 목적이었다. 사용자들은 〈세컨드 라이프〉에서 캐릭터를 조작해 현실 세계에서처럼 쇼핑하거나 친구를 만나 잡담을 나누는 등의 활동을 즐겼다. 최근에 메타버스metaverse 서비스가 큰 인기를 누리며 주목받고 있지만, 사실 메타버스의 시초는 〈세컨드 라이프〉라 할 수 있다. 심지어 〈세컨드 라이프〉마저도 원형이라고 부를 수는 없다. 이에 앞서 가상 세계의 삶을 체험하는 서비스로 일렉트릭 아츠의 〈심즈 온라인The Sims Online〉이 있었기 때문이다.

〈심즈 온라인〉은 〈심시티〉 시리즈로 유명한 시뮬레이션 게임의 대가 윌 라이트의 또 다른 대표작이자 일렉트릭 아츠의 간판 게임 중 하나인 〈심즈〉의 온라인 버전이다. 〈심즈〉는 이름에서 추측할 수 있듯이 일상을 시뮬레이션하는 게임이다. 다른 게임들은 특정 임무가 주어지고 그것을 해결해나가는 게 목표였다면, 〈심즈〉는 그냥 삶을 살아가는 것 자체가 목표인 게임이다. 싱글 플레이 버전의 〈심즈〉도 일종의 샌드박스sandbox형 게임이어서 자유도가 높다는 점이 특징이자 매력이었지만, 〈심즈 온라인〉은 여기서 더 나아가 많은 사용자가 가상 세계에서 소통하며 상호작용하는 방식이었다. 따라서 가상 세계 속 사용자들은 현실 세계와 유사한 사회생활을 경험할 수 있었다.

하지만 불행하게도 〈심즈 온라인〉은 실패한 게임이었다. 게임은 여러 가지 결함과 콘텐츠의 문제점으로 인해 사용자들의 불만을 샀다. 심지어 〈심즈〉의 높은 자유도는 여러 가지 가상 사회의 문제점을 일으켰는데, 빈부 격차가 심해지면서 가상 경제체제가 망가졌으며, 심지어 게임 안에서 미성년자의 성매매 행위가 성행하는 것이 밝혀지면서 사회적인 파문을 일으키기도 했다. 이처럼 여러 문제가 계속 불거지면서 점차 사용자 수가 줄어들었다. 반면 〈심즈 온라인〉과 콘셉트가 거의 유사한 경쟁작인 〈세컨드 라이프〉는 큰 인기를 누리는 바람에 더는 회생을 기대하기도 어려운 상태가 되고 만다. 결국 일렉트릭 아츠는 지속되는 적자를 견디지 못하고 출시한 지 6년 만에 서비스를 종료한다.

비록 〈심즈 온라인〉이 문제가 많은 실패작이긴 했지만, 그래도 애정을 갖고 게임을 즐기던 사람들은 분명 존재했다. 그래서 이들에게 서비스 종료 공지는 충격이었다. 특히 이들 중에는 현실의 삶에서 겪는 어려움을 〈심즈〉를 통해 이겨내던 사람들도 있었다. 이들은 자신이 얼마나 〈심즈〉를 사랑했으며, 이 게임을 하면서 힘든 현실을 어떻게 극복해왔는지를 커뮤니티에 공유하며 서비스 종료의 슬픔을 나누고 위로를 주고받았다. 마침내 이들은 서비스 종료일에 모두 게임에 접속해 최후의 순간을 함께하기로 한다. 그리고 이것은 한 연구자의 관심을 끌었다.

스탠퍼드 대학의 과학기술사 교수였던 헨리 로우드Henry Lowood는 비록 가상 세계이긴 하지만 세상의 종말에 비견될 수 있는 게임 서비스 종료의 순간에 사람들이 어떻게 행동하는지 궁금했다. 그래서 그는 〈심즈 온라인〉 종료 과정을 상세히 기록하기로 결심한다. 그리고 그는 미처 예상치 못한 경험에 감동한다. 처음에 그는 가상 세계의 종말을 앞둔 사람들이 서비스 종료를 결정한 게임 회사의 독단적인 결정에 분노하거나 최후의 순간에 마음껏 가상 세계를 짓밟는 등의 폭력적인 모습을 보이지 않을까 걱정했다. 혹은 어차피 서비스를 종료하면 모든 게 끝이니 미련을 두지 않고 접속을 끊고 일상으로 돌아가 버릴지도 모를 일이었다.

그러나 그의 예상은 모두 빗나갔다. 그동안 서비스에 애착을 가지던 사람들은 종료 순간에 가상 세계에 모여 그동안의 추억을 서로 나누고, 서비스가 서서히 종료되면서 가상 세계가

〈그림 2〉〈심즈 온라인〉의 마지막 순간을 기념하기 위해 모여든 사람들의 모습(왼쪽)과 잠시 후 서비스가 종료되며 모두가 사라진 후 접속 종료 오류 메시지 창이 뜬 모습(오른쪽).[4]

조금씩 사라지고 마침내 텅 빈 화면에 접속 오류 메시지 창이 뜨는 모습을 같이 지켜봤다. 한 게임 DJ는 이 최후의 모습을 인터넷 방송으로 중계하며 슬픔에 잠긴 목소리로 애청자들에게 마지막 감사의 인사를 나누기도 했다. 비록 가상 세계이긴 했지만, 사람들은 종말의 순간에 자신의 존엄성을 지켰다.[5]

〈심즈 온라인〉 사례는 비록 감동적이기는 하지만 종말을 앞둔 사람들의 단편적인 모습이 제한적으로만 관찰되고 기록되었다는 한계점도 있다. 반면 더욱 폭넓고 다양한 측면에서 종말을 앞둔 사람들이 어떻게 행동하는지 연구한 사례도 있다. 이 연구는 한국의 한 연구팀에 의해 진행되었다.

종말을 연구하다

고려대학교 김휘강 교수 연구실은 아마 전 세계에서 게임과 관련된 연구를 가장 많이, 가장 다양하게 진행하는 곳일 것이다. 이 연구실에서는 주로 국내에서 서비스되는 MMORPG 로그 데이터를 이용해 데이터 기반 보안이나 사용자 행동 분석과 관련된 여러 가지 논문을 꾸준히 발표하고 있다. 2022년 현재 배제대학교 정보보안학과에 재직 중인 강아름 교수는 2017년 당시 이 연구실 소속으로 있으면서 〈아키에이지 ArcheAge〉라는 MMORPG의 베타 테스트[6] 데이터를 이용해 종말을 앞둔 가상 세계 속 사람들의 행태를 분석한 흥미로운 논문을 발표했다. 정보기술 Information Technology(이하 IT) 분야에서 최고 권위를 자랑하는 학술회의 중 하나인 월드와이드웹 World Wide Web, WWW 콘퍼런스[7]에 등재된 이 논문은 〈세상이 끝장난다면 난 사과나무를 심지 않겠다: MMORPG 베타 테스트 기간에 관한 수억 건의 플레이 기록 분석 I Would Not Plant Apple Trees If the World Will Be Wiped: Analyzing Hundreds of Millions of Behavioral Records of Players During an MMORPG Beta Test〉이다.[8]

강아름 교수는 2011년 12월 8일부터 2012년 2월 20일까지 약 11주간 진행된 〈아키에이지〉 4차 베타 테스트 동안 발생한 게임 사용자의 활동 로그 데이터를 분석했다. 이는 총 8만 1,174명의 사용자에 대한 약 2억 7,000만 건의 방대한 기록이었다. 사용자들이 수행한 활동의 종류는 75가지였는데, 강아름 교수 연구 팀은 이를 크게 11개의 범주로 나눈 후 시간이 지남에 따라 활동량이 어떻게 달라지는지 추적 관찰함으로써 게임 사용자들이 처음 게임에 들어온 때부터 서비스가 끝나기까지 일주일 단위로 활동 유형이 어떻게 달라지는지 분석했다.

논문에 따르면, (저자의 예상과 달리) 테스트 종료가 가까워져도 게임 사용자들은 캐릭터 육성이나 생산, 소비 등의 활동에 큰 변화가 없었다. 물론 캐릭터 성장과 관련된 임무 수행이나 경험치 획득 같은 활동량은 소폭 줄어들었으며, 경제활동에서 생산에 비해 소비 비율이 늘어나는 경향이 보이기는 했으나 종말을 앞둔 시점의 변화라고 하기에는 그리 크지 않았다. 어쩌면 베타 서비스가 끝나면 그동안 캐릭터가 보유한 가상 재화는 모두 사라지고 캐릭터 활동도 불가능하므로 욕구조차 사라지면서 생긴 자연스러운 현상일지도 모르겠다. 게다가 베타 테스트 참여자들은 이미 한시적인 서비스임을 알고 참여했기 때문에 일반적인 종말을 앞둔 사람들과 상황은 많이 다를 수 있다. 어찌 되었건 가상 세계 속 사람들은 '내일 세상의 종말이 오더라도 한 그루의 사과나무를 심겠다.'던 마르틴 루터까지는

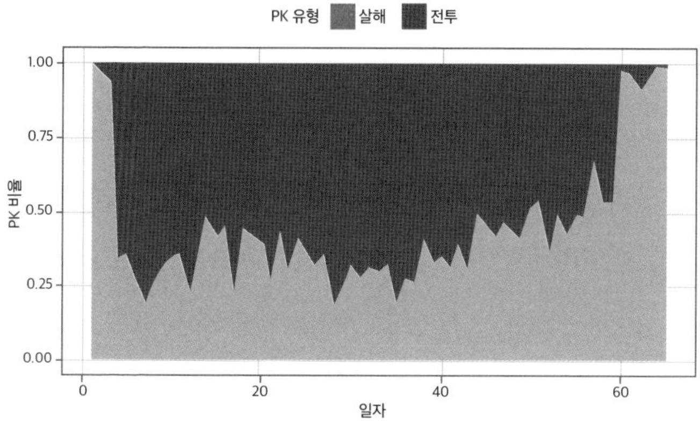

〈그림 3〉 아키에이지 베타 테스트 기간에 캐릭터 간에 발생한 모든 PK의 비율을 일자별로 추적한 그래프. 아래쪽에 있는 옅은 회색의 비율이 테스트 후반으로 갈수록 높아지며, 마지막 며칠 동안에는 거의 100%를 차지하는 것을 볼 수 있다.[9]

아니었지만 최소한 파국으로 치닫는 모습도 보이지 않았다.

일부 사용자에게서는 테스트 종료가 다가오자 반사회적인 행동을 보이는 사례가 관측되었다. 〈그림 3〉은 베타 테스트 기간에 발생한 캐릭터 간 전투Player vs. Player(이하 PvP) 중 한 캐릭터가 다른 캐릭터를 죽인 비율을 추적한 그래프다. 테스트 초반에 이 비율이 극단적으로 높은 이유는 게임에 먼저 들어와 조작이 익숙해진 사용자들이 늦게 들어와 조작이 미숙한 사용자들을 대상으로 전투 체계를 테스트하는 과정에서 발생한 현상으로 추측된다. 이후 테스트가 진행될수록 사용자 대부분이 게임 체계에 적응하고 서로 암묵적인 합의에 따라 정정당당한 승부를 겨루는 비율이 늘어나면서 점차 일방적인 학살Player Killing(이하 PK) 비율은 줄어들고 적절한 균형을 유지하는 것을 볼 수 있다. MMORPG에서 PvP는 일종의 유희 활동이어서 설령 상대방 캐릭터를 죽이더라도 현실 세계와 같은 제재를 받거나 비윤리적인 행위로 평가받지는 않는다. 하지만 지나친 PK는 다른 캐릭터들의 임무 수행을 방해할 수 있으므로 금기시하는 경향이 있다. 따라서 대개 전체 전투에서 PK 비율은 적정 수준을 유지한다.

그런데 베타 테스트가 끝날 무렵이 되면 다시 PK 비율이 초기와 비슷한 수준으로 늘어난다. 강아름 교수는 그 이유에 관해 테스트 종료를 앞둔 상황이기 때문에 다른 캐릭터들이 자신을 어떻게 평가하는지 더는 신경 쓸 필요가 없다고 판단한 사용자들이 늘어났기 때문으로 추정했다. 물론 그렇다고 이것을 종말을 앞둔 아비규환으로 확대해석해서는 안 될 것이다. 더 나아가 이런 현상이 발생한 원인에 관해서는 또 다른 해석도 가능하다. 이를테면 서비스 종료를 앞둔 시점이기 때문에 PvP에 임하는 사용자들의 마음가짐이 달라진 것일 수도 있다. 쉽게 말해 게임을 실행할 시간이 어느 정도 남아 있을 때는 불필요한 죽음으로 인한 손실을 피하려는 심리가 강할 것이다. 하지만 서비스 종료를 앞둔 시점이라면 이런 위험성 회피 심리는 약해지고 어찌 되었건 끝장을 보겠다는 심리가 강해져 어느 한쪽이 죽을 때까지 승부를 보려는 이들이 많아질 수 있다.

마지막으로 저자는 캐릭터 간의 채팅 데이터를 이용해 소통량의 변화도 분석했는데 서비스 종료가 가까울수록 함께 임무를 수행할 새로운 모임을 구하는 내용은 줄어들지만 기존 모임의 구성원들과 주고받는 대화량이 점점 늘어나는 것을 관찰할 수 있었다. 심즈 온라인의 사용자들이 그러했듯 〈아키에이지〉의 사용자들도 종말을 앞둔 남은 시간을 새로운 인간관계를 쌓는 데 낭비하기보다는 이미 친분이 있던 사람들과 추억을 나누며 보내고 싶었던 듯하다. 비록 이런 행동 변화의 정확한 원인이 무엇인지는 공개된 자료만으로 파악하기 어렵지만, 적어도 서비스 종료를 앞두고 더는 다른 이들과의 사회적 협력이나 미래에 대한 준비가 필요하지 않은 상황에서 사람들의 행태가 어떻게 달라질 수 있는지 어느 정도 엿볼 수 있는 흥미로운 자료이지 않나 싶다.

정리하자면, 이 연구는 서버에 기록된 수많은 캐릭터의 상세한 수행 기록을 바탕으로 가상 세계의 종말을 앞둔 사람들의 행태를 분석했다는 측면에서 의의가 있다. 물론 이 연구에서 관측한 행태가 실제 세계의 종말에서도 똑같이 재현될 것이라고 보기는 힘들다. 가상 세계의 종말은 현실의 종말과 큰 차이가 있을 뿐만 아니라 심지어 이런 베타 테스트에 참여한 사람들은 자신들이 실행하는 게임이 일정 기간 이후에는 종료되는 한시적인 서비스라는 사실을 이미 아는 상황이었기 때문이다. 앞서 언급한 〈파판 14〉와 〈심즈 온라인〉 역시 비슷하다. 이들은 세상의 종말을 앞두고 이에 대해 충분한 마음의 준비를 할 수 있는 시간이 주어졌기에 의연하게 대처할 수 있었다. 그렇다면 누구도 예측하지 못한 돌발 상황에 의해 종말이 닥쳐온 경우라면 어떨까? 이를테면 팬데믹 같은 상황 말이다.

게임 속 오류가 일으킨 팬데믹

블리자드엔터테인먼트사의 〈월드 오브 워크래프트World of Warcraft(이하 〈WoW〉)〉는 전 세계에서 가장 인기를 끈 MMORPG다. 방대하고 흥미로운 줄거리와 정교한 게임 체계를 갖춰서 이후 출시된 수많은 MMORPG에 커다란 영향을 끼쳤다. 특히 기존 MMORPG는 오픈 필드open field에 기반한 콘텐츠에 집중했지만, 〈WoW〉는 인스턴스 던전instance dungeon 중심의 콘텐츠에 집중했다.

인스턴스 던전은 소규모의 사용자 집단들이 독립적으로 던전에 들어가 미로를 탐사하고 최종 목표인 강력한 보스 몬스터를 무찌른 후 희귀한 아이템을 획득하게끔 하는 콘텐츠다. 이것은 사용자들이 오픈 필드에서 제한된 콘텐츠나 재화를 두고 의도치 않게 서로 경쟁하지 않더라도 각자 원하는 콘텐츠를 다른 사용자들의 방해 없이 독립적으로 즐길 수 있게 해줌으로써 게임에 몰입하도록 만드는 효과가 있었다. 게다가 블리자드는 주기적으로 새로운 던전을 추가함으로써 기존 사용자들이 질리지 않고 계속 게임을 즐길 수 있게 했다.

문제의 사건은 2005년에 새로 추가된 '줄구룹Zul'Gurub'이라는 인스턴스 던전에서 발생했다. 해당 던전에는 학카르라는 보스 몬스터가 있었는데 이 몬스터는 '오염된 피'라는 이름의 질병을 발생시키는 기술을 사용했다. 이 기술에 걸린 캐릭터는 일정 시간마다 계속 체력이 깎이는데, 다른 캐릭터와 접촉하면 그 캐릭터도 같은 질병에 걸렸다. 마치 현실 세계에서 치명적인 전염병에 걸리는 것과 비슷했다. 이 질병은 해당 던전을 공략하는 과정에서 반드시 거쳐야 하는 현상이지만 던전을 나가면 사라지게끔 구현되어 있었다. 따라서 정상적인 상황에서는 이 질병이 외부에 전파될 위험은 없었다. 그런데 여기에는 개발사에서 예상하지 못한 오류가 있었다. 사용자가 소환해서 데리고 다닐 수 있는 '펫Pet'이라는 NPC에게 '오염된 피'를 감염시킨 다음 펫의 소환을 잠시 해제한 채 던전을 나간 후 다시 소환하면 해당 펫의 감염이 유지되었던 것이다. 심지어 이렇게 감염된 펫은 다시 다른 캐릭터나 펫을 감염시킬 수 있었다.

처음 이 오류를 발견한 몇몇 사용자는 그저 재미있는 오류라고 생각하며 그리 심각하게 여기지 않았을 것이다. 아마 사건은 한 캐릭터가 재미 삼아 펫을 감염시킨 후 마을로 돌아와 다른 캐릭터들을 감염시키면서 시작되었을 것이다. 그 과정에서 가상 세계 속 대도시에 있던 경비병 NPC들도 '오염된 피'에 감염되었다. 그런데 이런 NPC들은 시스템의 특성 때문에 감염되어도 죽지 않았다. 따라서 이런 NPC들은 계속 살아 있으면서 마을에 들어오는 캐릭터들을 감염시키는 슈퍼 전파자가 되었다. 결국 〈WoW〉의 가상 세계 속 수많은 캐릭터는 '오염된 피'에 감염되어 전멸에 가까운 죽임을 당했고, 게임을 서비스하던 블리자드는 이 현상을 해결하기 위해 감염된 캐릭터들을 격리하려고 노력했다. 하지만 아무런 효과가 없었고, 결국 게임 서버를 재시작함으로써 이 문제를 해결했다.[10]

처음에 사람들은 이 사건을 온라인 게임에서 발생하는 여러 가지 재미있는 사건 중 하나로 생각했다. 그러나 이 사건이 널리 알려지면서 몇몇 사람은 다른 관점에서 주목하기 시작했다. '오염된 피' 사건은 인류가 과거 역사에서 경험하지 못한 강력한 팬데믹이 발생했을 때 어떻게 될 것인지를 간접적으로 보여준 사례였기 때문이다. 물론 우리는 이미 영화나 소설 등에서 강력한 전염병으로 인해 인류가 멸망한다는 이야기를 많이 접했다. 하지만 '오염된 피' 사건은 그동안 다른 매체에서 보여준 이야기들과는 큰 차이점이 하나 있었다. 소설이나 영화의 팬데믹은 작가가 만들어낸 설정이지만, 온라인 게임 속 행태는 비록 가상 세계이긴 하지만 외부 환경이나 주변 사람에게 직접 영향을 받는 수많은 당사자에 의해 벌어졌기 때문이다. 즉, '오염된 피'는 개인의 상상력에 의한 산물이 아니라 여러 사람에 의해 실제 벌어진 사건이었다. 따라서 이 사례는 여러 과학자, 특히 전염병을 연구하는 역학자들의 관심을 끌었고, 이를 다룬 다양한 논문이나 칼럼이 발표되었다.

이 중에서 가장 널리 알려진 자료는 에릭 로프그린Eric Lofgren이 저명한 의학 저널 《랜싯The Lancet》에 발표한 〈현실 세계 전염병에 빛을 비추는 가상 게임 세계의 미개발된 잠재력The untapped potential of virtual game worlds to shed light on real world epidemics〉이다.[11] 이 소논문에서 로프그린은 '오염된 피' 사건이 인류가 앞으로 경험할지 모르는 치명적인 전염병이 발생했을 때를 대비하기 위한 중요한 사례라 생각해 '오염된 피'의 감염 경로에 관한 모델을 만드는 한편, 대규모 감염 사태에서 가상 세계 속 인류가 어떻게 행동했는지 정리했다.

본격적인 소개에 앞서 미리 말하자면, 중요하고 독창적인 주제이긴 하지만 사실 이 논문은 많은 한계가 있었다. 이른바 감염재생산지수라고 부르는 전염병의 전파력이나 전체 감염자 수와 사망자 수, 구체적인 감염 과정 등의 세부적인 수치 데이터를 확보할 수 없었기 때문이다. 로프그린뿐만 아니라 이 사건을 흥미롭게 지켜보고 좀 더 자세히 분석하고 싶었던 여러 연구자가 〈WoW〉의 개발사인 블리자드에 관련 데이터를 요청했지만, 블리자드는 이러한 요청을 모두 거부했다. 안타깝게도 그들에게 이 사건은 그저 발생해서는 안 되는 오류일 뿐이었다.

이런 한계가 있기는 해도 '오염된 피' 사건과 이 논문이 갖는 가장 큰 의의는 최초의 감염이 통제할 수 없는 수준으로 발전하고 결국 게임 서버를 재시작하기까지 약 일주일 동안 게임 서버 관리자가 어떤 조치를 했고 이것이 어떻게 실패했는지, 그 과정에서 캐릭터들이 각각 어떤 행태를 보였는지 사건의 전체 흐름을 상세하게 정리했다는 점이다.

우선 게임 서버 관리자는 질병의 확산을 막기 위해 감염된 캐릭터들을 격리함으로써 상황을 통제하려 했다. 하지만 이들의 노력에도 불구하고 완벽한 격리는 불가능했다. 감염된 캐릭

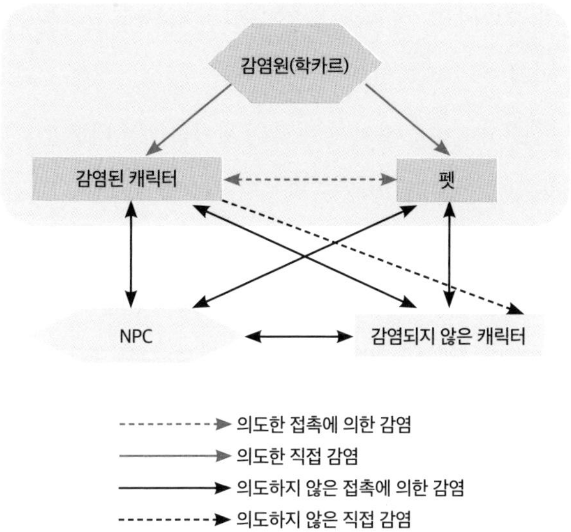

〈그림 4〉 오염된 피의 감염 경로 모델. 실제 학카르에게서 직접 감염된 캐릭터와 펫에 의해 다른 NPC와 캐릭터가 어떻게 감염되고 질병이 퍼지는지 간략한 도식으로 설명하고 있다.[12]

터 중에는 다른 캐릭터에게 피해를 주지 않기 위해 구석진 곳에 가서 조용히 죽음을 맞이하는 캐릭터도 있었지만, 도시 곳곳을 누비며 다른 캐릭터들을 마구잡이로 감염시키는 캐릭터도 있었다. 이런 사태를 모르고 질병이 퍼진 도시로 진입하는 이들에게 상황을 알리기 위해 마을 입구에서 계속 소식을 전하려고 노력하는 캐릭터나, 격리를 피해 다른 곳으로 도망가려는 캐릭터들을 붙잡기 위해 일종의 자경단을 결성하는 캐릭터들도 있었다. 심지어 비록 완전한 치유가 불가능한데도 본인이 가진 힐링 기술을 이용해 계속 다른 캐릭터의 체력을 회복시키기 위해 안간힘을 쓰는 캐릭터도 있는 한편, 치료 효과가 있다며 거짓 아이템을 팔아서 이익을 챙기는 캐릭터도 있었다.

모두가 알다시피 2019년 말부터 시작해 이 책을 출간하는 2022년 중반까지 2년 넘게 인류가 겪고 있는 COVID-19라는 팬데믹 상황에서, 우리는 17년 전 아제로스(〈WoW〉의 가상 세계)에서 보았던 삼라만상과 매우 유사한 상태를 경험하고 있다. 즉, '오염된 피' 사건과 COVID-19 사태는 가상 세계 속 캐릭터의 행태가 현실 세계 속 인류의 행태와 크게 다르지 않음을 보여주는 대표적인 사례다.

한편, 로프그린은 역학 분야에서 기존에 사용하던 기법의 한계를 극복하는 데 게임이 중요한 역할을 할 수 있으리라고 생각했다. 그동안 역학자들은 특정 조건에 대한 행동 규칙을 미리 설계한 행위자를 이용해서 전염병의 전파력을 추정하는 모의실험 기법을 주로 사용했다. 하지만 인간의 행동은 단순한 규칙 몇 개만으로 예측하기에는 너무 복잡하고 미묘했다. 이를테면 앞서 언급했듯이 '오염된 피' 사건 당시 어떤 캐릭터들은 감염된 캐릭터들을 치유하기 위해 애썼다. 그들의 행동은 선한 의도에서 비롯된 것이었지만 실제로는 전염병 확산에 도움을 주는 행동일 수 있었다. 감염된 개체의 수명을 예정된 기간보다 연장함으로써 다른 이들을 감염시킬 수 있는 기간을 늘려주었기 때문이다. 이처럼 예기치 않은 행동은 모의실험을 통한 예측과 실제 상황을 어긋나게 하는 변수가 될 수 있다. 또한 NPC처럼 전염력은 있지만 죽지 않는 감염체는 그 누구보다도 강력한 슈퍼 전파자가 될 수 있다. 따라서 이들의 감염 경로 차단이 무엇보다 중요할 것이다.

문제는 이런 가설이 정말 맞는지, 이런 것들이 실제 상황에 얼마나 영향을 줄 수 있는지를 실제로 관찰하지 않고서 추정하기는 대단히 어렵다는 점이다. 그런데 온라인 게임 속 가상 세계는 이처럼 다양한 상황과 개체의 행태를 직접 실험하고 관찰할 수 있는 훌륭한 환경이 될 수 있었다. 그래서 로프그린은 온라인 게임이 전염병의 위협을 받는 사람들이 어떻게 행동하고 반응하는지 분석하는 데 적절한 실험 형식이 될 수 있을 것이며, 이를 통해 역학에 관한 깊은 통찰을 얻을 수 있으리라고 생각했다.

이런 생각은 앞서 소개한 캐스트로노바의 생각과도 일치한다. 로프그린이나 캐스트로노바는 게임 속 가상 세계는 단순한 허구가 아니며, 현실과 연결된 또 하나의 세계라 생각했다. 그래서 현실에서는 감히 수행할 수 없는 실험도 게임을 통해서라면 가능하리라 생각했다. 즉, 이들은 가상 세계가 사회과학이나 역학처럼 인간을 대상으로 삼는 학문이 윤리적 한계 때문에 부딪히는 여러 가지 제약을 극복하도록 도와주는 훌륭한 대안이 될 수 있으리라 기대했다.

게임은 사회과학의 실험실이 될 수 있을까

하지만 실제 상황은 그리 호락호락하지 않다. 아무리 가상 세계라 하더라도 게임은 현실의 사람들에게 제공하는 서비스이기 때문에 참여 의사도 없는 사람들을 대상으로 함부로 실험할 수는 없다. 실험 의도를 설명하고 참여 의사를 묻는다고 하더라도 게임 사용자에게 실험 참여 동기를 부여하기는 쉽지 않다. 심지어 게임 사용자가 자발적으로 실험에 참여하더라도 이를 통해 관측된 행태는 일반적인 사람들의 행태와 다른 편향된 결과가 나올 가능성이 크다(이를 통계학에서는 선택 편향이라고 부른다). 따라서 이런 문제가 발생하지 않도록 적절한 실험 설계와 함께 실험 결과를 어떻게 검증할지에 관한 고민도 필요하다. 가상 세계는 얼핏 이상적인 실험실처럼 보이지만 실상은 다루기 까다로운 세심한 실험체다.

사실 사회과학자나 의학자 들은 오래전부터 이런 고민을 해왔다. 이들이 연구하는 문제는 윤리적 혹은 경제적 이유로 인해 직접적인 실험이 불가능한 경우가 많다. 이를테면 '부모의 재력은 아이의 학력에 어떤 영향을 미치는가?', '흡연은 폐암을 발생시키는가?', '암은 유전되는가?', '최저 임금은 실업률에 어떤 영향을 미치는가?' 같은 질문들이 그렇다. 부모의 재력과 자식의 학력 간의 인과관계를 알아보기 위해 보육원에 있는 아이들을 임의로 부잣집과 가난한 집에 입양시키고 결과를 관찰하는 실험을 수행할 수는 없다. 혹은 흡연과 폐암의 관계를 파악하기 위해 사람들을 임의로 나눠서 한쪽 집단에만 흡연을 강제하는 실험을 하겠다는 것 역시 말도 안 되는 생각이다.

따라서 이렇게 직접적인 실험을 할 수 없는 문제들은 이미 벌어진 사건들에 관한 데이터를 분석해 인과관계를 추정하는 수밖에 없다. 이렇게 이미 관측된 데이터를 이용해 인과관계를 추정하기 위해 통계적인 방법을 사용하는 분석 기법을 인과 추론 분석Causal Inference Analysis이라고 부른다. 주로 경제학자들이 이를 위한 여러 가지 기법을 고안했는데, 연구자들은 실험을 할 수 없는 상황에서도 이런 분석 방법을 통해 여러 가지 현상의 인과관계를 파악하고 있다. 이를 위해서는 엄밀한 논리와 기발한 착상, 논리를 뒷받침할 수 있는 적절하고 풍부한 데이터가 필요하다. 똑똑한 연구자들에게 앞의 두 가지는 대체로 충분한 편이었다. 부족한 것은 자신들의 상상력과 갈고닦은 기술을 뒷받침해줄 데이터였다. 현실 세계에서 이런 데이터를 구하기는 너무나 어렵다. 반면에 게임 속 가상 세계는 데이터가 넘쳐흐르는 낙원이다. 단지 그동안에는 데이터를 보유한 게임 회사와 이를 활용할 연구자가 협업하도록 동기를 부여할 만한 적절한 인센티브가 부족했을 뿐이다.

그렇다면 실제로 게임을 통해 어떤 분석을 할 수 있을까? 다음 장에서는 사회과학자들의 주요 무기인 인과 추론 분석 기법을 이용해 가상 세계 속 사용자의 행태를 분석한 몇 가지 사례를 살펴보겠다.

2장

인센티브

게이머를 위한 당근과 채찍

인센티브를 파악하면 인간을 이해할 수 있다

스티븐 레빗Steven D. Levitt이 쓴 베스트셀러 《괴짜 경제학Freakonomics》을 보면 인간의 행동을 이해하기 위해서는 그들이 어떤 인센티브에 반응하는지 아는 것이 중요하다는 내용이 나온다. '인센티브'란 쉽게 말해 사람들에게 어떤 선택지가 주어졌을 때 각 선택에 따라 얻는 비용 대비 이익을 의미한다. 사람들은 본능적으로 좀 더 이익이 큰 선택을 한다(물론 그 선택이 언제나 합리적이고 정확한 것은 아니다). 따라서 사람들의 행태를 이해하려면 그로 인해 얻을 수 있는 인센티브가 무엇인지 파악하는 것이 중요하다. 더 나아가 만약 각 선택지에 따르는 인센티브를 사람들이 어떻게 인식하는지 그 원리를 파악할 수 있다면 우리는 특정 상황에서 사람들이 어떻게 행동할지 예측할 수 있을 것이다. 하지만 현실 세계에서 인센티브에 반응하는 사람들의 행태는 그리 단순하지 않다. 대표적인 사례가 이스라엘 북부에 있는 하이파라는 도시의 한 어린이집에서 있었던 일이다.

이 어린이집은 일정 시간에 아이들을 돌봐주고 오후 퇴근 시간이 되면 부모들이 찾아와 아이들을 데려가게 되어 있었다. 그런데 제시간에 아이를 데리러 오지 않는 경우가 많아 골머리를 앓았다. 이 문제를 해결하기 위해 어린이집에서는 부모들이 규정된 시간보다 10분 늦을 때마다 3달러의 벌금을 부과하기로 한다. 그런데 기대와 달리 벌금을 부과하기 시작하자 오히려 평소보다 더 많은 부모가 아이를 늦게 데리러 오기 시작했다. 얼핏 생각하기에 앞에서 설명한 인센티브에 의한 행동에 반대되는 결과다.

하지만 좀 더 깊이 생각해보면 인센티브는 단순히 돈으로만 환산되는 문제가 아님을 알 수 있다. 인센티브는 크게 경제적·사회적·도덕적 인센티브로 나뉜다고 한다. 그리고 사람들은 무의식적으로 이 세 가지를 모두 고려해 행동한다. 즉, 어린이집에 아이를 맡긴 부모들은 아이를 늦게 데리러 가는 것으로 인한 죄책감(도덕적 인센티브)과 벌금(경제적 인센티브) 사이의 경중을 계산한 후 좀 더 본인에게 이익이 되는 방향으로 행동했을 뿐이다. 쉽게 말해 벌금을 부과하는 행위가 어린이집에 늦는 것에 대한 일종의 속죄 역할을 한 것이다. 더 흥미로운 것은 그다음에 발생한 현상이다. 어린이집에서 벌금제의 문제점을 깨닫고 다시 원래대로 벌금제를 없앴지만, 부모들은 계속 더 늦게 아이를 데리러 왔다고 한다. 벌금제로 인해 사라진 죄책감은 회복되지 않았는데 벌금만 사라졌기 때문이다. 이것은 세심하게 설계되지 못한 벌금제도가 자칫 의도하지 않은 결과를 불러올 수 있다는 점을 설명할 때 자주 언급되는 사례다.[1]

그렇다면 반대로 보상의 경우는 어떨까? 많은 회사가 좋은 성과를 내는 직원에게 높은 보상을 주는 인센티브 제도를 시행하고 있다. 하지만 이런 금전적인 보상이 직원의 생산성에 어떤 영향을 미치는가에 대해서는 의견이 분분하다. 얼핏 생각해보면 큰 보상을 받은 직원은 그만큼 회사에 대한 충성도와 만족도가 올라가서 더 열심히 일할 것이고, 그런 모습을 본 다른 직원들도 큰 보상을 얻기 위해 성과를 내려고 노력할 테니 보상제도는 직원의 성과를 높이는 데 긍정적인 효과가 있을 듯하다.

하지만 또 한편으로 생각해보면, 애초에 사람들이 열심히 일하는 이유는 그로 인한 보상을 얻기 위해서다. 따라서 큰 보상을 받은 직원은 그동안 열심히 일했던 목적을 충족했기 때문에 더는 동기부여가 되지 않아 이후 생산성이 떨어질 가능성도 있다. 즉, 성취에 대한 보상은 역량을 끌어내려고 동기를 부여하는 측면도 있지만, 보상이 주어져 기대가 충족되고 나면 부정적인 효과가 나거나 최소한 더는 추가 효과를 기대할 수 없을 가능성도 있다. 물론 이것은 모두 가설일 뿐이다. 그렇다면 보상과 성과 사이의 인과관계를 정확히 파악하려면 어떻게 해야 할까?

보통 어떤 두 사건 사이의 인과관계를 파악하기 위한 가장 좋은 방법은 실험이다. 다시 말해, 다른 조건은 모두 똑같이 맞춘 상태에서 특정 조건만 다르게 했을 때 나오는 결과의 차이를 비교해보면 해당 조건이 결과에 미치는 인과적 효과를 추정할 수 있다. 우리가 학교에서 배우는 자연과학의 여러 가지 원리는 대부분 이런 엄밀한 실험을 통해 입증된 가설이다.

하지만 1장 끝부분에서 몇 가지 예시를 들었듯이 자연과학과 달리 사람을 대상으로 하는 실험은 여러 가지 이유로 인해 수행하기 어렵다. 가령 어떤 회사에서 보상과 성과 사이의 인과관계를 측정하기 위해 실험하겠다며 임의로 직원들을 두 집단으로 나눈 후 한쪽 집단에게만 높은 보상을 주고 1년 뒤에 업무 성과를 측정하겠다고 하면 어떻게 될까? 아마 보상받지 못하는 집단에 속한 직원들은 크게 반발할 것이고 의도한 결과를 얻기도 힘들 것이다. 그래서 이와 같은 사회과학 문제에서는 이미 관찰된 데이터를 이용해서 인과관계를 추정하는 인과 추론 분석을 사용한다.

인과 추론 분석은 데이터 분석 분야에서 상당히 어려운 분석 기법이다. 여기서 아주 간략하게 얘기하자면, 내가 알고자 하는 원인과 결과에 해당하는 조건 외에 다른 조건은 평균적으로 비슷한 집단을 선별한 후 원인이 되는 조건만 다른 값을 갖는 두 집단의 결과 데이터가 통계적으로 어떤 차이가 있는지 비교하는 방식이다.

이를테면 전체 평균 대비 낮은 보상을 받은 직원들과 높은 보상을 받은 직원들을 A 집단과 B 집단으로 나눈다. 이후 두 집단에 속한 직원들의 연차, 직급, 업무적인 속성 등 성과에 영향을 줄 수 있는 여러 가지 정보를 취합한 후 이러한 속성들이 서로 비슷한 직원들을 A 집단과 B 집단에서 각각 선별한다. 이렇게 선별된 사람들은 주어진 보상만 다르고 나머지 조건들은 거의 비슷한 상태다. 이제 두 집단이 보상받기 전에 비해 성과가 어떻게 달라졌는지를 비교한다. 만약 두 집단의 성과에 통계적인 차이가 있다면 그것은 보상의 차이로 인해 생긴 효과라고 추정할 수 있을 것이다. 즉, 원인이라고 생각하는 조건 외에는 모든 조건이 같은데 결과만 다르다면 그런 차이를 유발한 이유는 내가 원인이라고 짐작한 바로 그 조건뿐이라고 추정하는 것이 인과 추론 분석의 핵심이다. 물론 결과에 차이가 없다면 내 가설은 틀렸다고 추정한다(좀 더 엄밀하게 말하자면 이런 유형의 통계 분석에서는 가설이 틀렸다고 하지 않고 가설이 맞는다는 증거가 부족하다고 얘기한다).

따라서 인과 추론 분석의 핵심은 '내가 추정하고자 하는 원인 변수만 다르고 다른 조건은 평균적으로 같은 집단'을 적절히 찾아내는 것이다. 얼핏 간단해 보이지만, 조금만 생각해보면 여러 조건이 같은데 우연히 인센티브를 다르게 받은 사례를 찾기가 무척 어려움을 짐작할 수 있을 것이다. 심지어 결과에 영향을 끼치는 조건들이 정확히 무엇인지 알 수 없는 경우도 많고, 설령 그 조건들을 모두 알고 있더라도 정확히 측정하기가 불가능한 경우도 많다.

그래서 인과 추론 분석가들은 이상적인 사례를 찾기 어려운 상황에서도 최대한 문제를 해결하기 위해 여러 가지 복잡한 통계 기법을 사용한다. 내가 데이터 분석과 관련해 좋아하는 말 중에 '우리가 무엇인가를 측정한다는 것은 불확실성을 감소시키는 것이다'라는 말이 있다. 사실상 사회과학 연구자들이 하는 연구의 대다수는 어떤 문제에 관한 해답을 정확히 밝히는 것이 아니라 불확실한 정도를 조금씩 줄여가는 행위이다.

그런데 아무리 좋은 기법을 사용하더라도 최소한의 적절한 사례 데이터가 필요하다는 점은 여전히 극복해야 할 과제다. 따라서 사회과학자들은 인과를 분석하기에 적절한 현실 사례를 찾는 데 목말라 한다. 다음은 보상과 성과 간의 관계를 분석하기 위해 사회과학자들이 찾은 몇 가지 사례다.

스포츠 선수와 복권 당첨자의 유사점

보상제도와 성과의 관계를 연구할 때 자주 활용되는 사례 중 하나는 프로 스포츠다. 프로 스포츠는 선수들이 얼마만큼의 보상을 받는지 비교적 투명하게 공개되어 있고, 개별 선수들의 역량이나 성과 또한 다른 분야에 비해 높은 수준의 정량 지표를 제공하기 때문이다. 특히 프로 야구는 '세이버메트릭스Sabermetrics'라는 분야가 따로 있을 정도로 발전된 상태이며, 이를 통해 수십 년에 걸쳐 선수의 역량과 팀 기여도를 파악할 수 있는 수백 가지 지표를 개발해 실제 경기에서 활용하고 있다.

게다가 프로 야구에는 '자유 계약Free Agent(이하 FA)'제도가 있다. 선수들은 처음 프로에 입문할 때 구단의 지명을 받고, 이렇게 지명된 선수는 소속된 구단 측에서 계약권을 포기하지 않는 한 일정 시즌 동안은 다른 구단과 직접 계약할 권리가 없다. 이렇게 정해진 시즌을 보내고 나서 FA 자격을 가지면 어느 구단에서든 선수와 계약만 맺으면 자유롭게 영입할 수 있다. 당연하게도 훌륭한 실력을 갖춘 선수는 여러 구단의 영입 제안을 받을 것이고, 따라서 선수 측에 유리한 조건으로 계약이 진행될 가능성이 크다. 아마 야구에 관심 있는 독자라면 종종 FA 자격을 얻은 유명 야구 선수들이 이전보다 파격적인 조건의 연봉과 계약금을 받았다는 기사를 본 적이 있을 것이다. 결국 FA제도는 야구 선수에게 있어 몇 년 동안의 노력과 성과에 대한 높은 보상에 해당한다. 따라서 프로 야구 선수 중 장기 계약을 맺는 선수의 계약 전후 역량을 측정해 비교하는 것은 보상과 성과의 관계를 추정할 때 좋은 분석 사례가 된다.

우선 표면적으로만 살펴보면, 우리는 종종 유명 야구 선수들이 FA 자격이 주어지기 직전에는 성적이 좋다가 FA 이후 성적이 나빠지는 바람에 이른바 '먹튀' 논란을 겪는 경우를 보곤 한다. 하지만 이런 몇몇 눈에 띄는 사례만으로 섣불리 일반화해서는 안 될 것이다. 그렇다면 좀 더 일반적인 경향을 분석한 연구 사례는 없을까? 2017년 명지대학교 기록정보과학 전문대학원이 발간한 한 석사 논문[2]은 국내 프로 야구 FA 선수들의 경기력 변화를 체계적으로 분석한 연구 사례다. 이 논문에서는

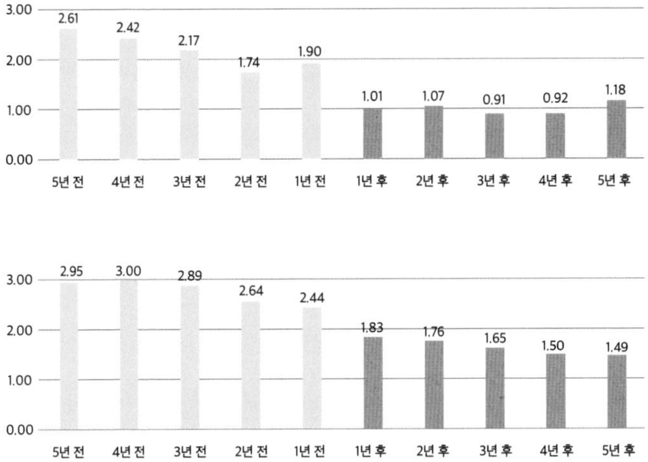

〈그림 5〉 FA 계약 전후 투수(위)와 타자(아래)의 평균 경기력 변화 그래프. 경기력 측정 지표로는 대체선수 대비 승리기여도Wins Above Replacement, WAR를 사용했는데, FA 이전에 비해 전반적으로 이후 수치가 낮은 것을 확인할 수 있다.[3]

2000년부터 2016년까지 총 171명의 국내 프로 야구 선수에 대해 FA 전후 경기력을 분석했다. 연구 결과에 따르면, FA 계약 전후 각 선수의 경기력 변화를 분석했을 때 투수는 총 19개의 경기력 관련 측정 변수 중 17개에서, 타자는 20개 중 13개에서 FA 이전에 비해 이후 수치가 평균적으로 하락했다.

이런 현상이 발생하는 이유에 대해서는 다음과 같이 추정할 수 있다(사실 선수별로 각기 다른 이유 때문일 수도 있고, 여러 원인이 복합적으로 작용한 것일 수도 있다).

첫째, 대개 FA 자격이 주어지는 시기는 신체 능력의 전성기가 지난 이후인 경우가 많다. 국내 프로 야구에서 FA 자격을 얻으려면 정식 프로 야구 선수로 등록된 후 최소 아홉 시즌을 뛰어야 한다. 만약 대학교를 졸업하고 프로 선수로 입문했다면 30대 초반의 나이가 되어야 비로소 FA 자격이 주어지는 것이다. 즉, FA는 대개 선수의 신체 능력이 정점을 찍었을 때 성적을 토대로 평가받지만, 이후 신체 능력이 저하되면서 경기력도 하향 곡선을 그릴 수 있다. 하지만 앞에서 소개한 연구에 따르면 FA 계약 체결 당시의 나이와 FA 계약 이후 성적과의 상관관계를 분석했을 때 통계적으로 뚜렷한 유의성이 나타나지는 않았다. 즉, 성적 하락의 원인을 신체 나이 상승에서 비롯한 현상으로만 보기는 어렵다.

둘째, FA를 앞둔 선수들은 되도록 높은 가치를 인정받기 위해 무리할 수 있다. 만약 적어도 한 시즌 이상 무리한 활동을 지속했다면 FA 이후에 부상이나 피로 누적으로 인해 신체 능력이 저하될 수 있다. 이를 뒷받침하는 몇몇 연구가 있다. 먼저 2014년 《베이스볼 리서치 저널Baseball Research Journal》에 실린 한 연구[4]에 의하면, 장기 계약을 앞둔 타자들은 다른 시즌에 비해 OPS(On-base Plus Slugging, 타자의 출루율과 장타율을 더한 값으로, 공격 기여도를 측정하는 가장 대표적인 지표다)가 평균 6.7% 더 높았다고 한다.

프로 야구 선수만 이런 현상을 보이는 것은 아니다. 2019년 《플로스 원(PLoS One)》에 실린 한 논문[5]에서는 유럽 리그에서 활동 중인 축구 선수들의 신규 계약 직전 연도와 그 전년도 경기력을 추적해 비교 분석했는데, 이에 따르면 주요 수비수, 미드필더, 공격수 분야 선수들은 신규 계약을 체결하기 직전 연도에서 그 이전 연도보다 더 나은 성과를 보이는 경향이 관측되었다. 즉, 이들은 장기 계약을 앞두면 평소보다 더 열심히 경기하는 것이다. 비록 제한된 분야에서 진행한 연구지만, 프로 선수들이 높은 보상을 얻기 위해 무리하는 경향이 있다는 점을 보여주는 연구 결과다. 결국 FA 계약 이후에 성적이 나빠지는 것은 그 직전 성적이 평균에 비해 좋았기 때문에 생기는 착시 효과와 무리한 활동의 부작용이 겹쳐서 생긴 현상일 수 있다(모든 선수가 그렇다는 것은 아니다).

셋째, 심리적인 측면에서도 FA 직전에 지나친 긴장감을 오랫동안 유지하다가 목표를 이루고 나면 긴장이 풀어지며 집중력이 떨어질 수 있다. 그러면 이전까지의 경기력에 비해 다소 떨어지는 성과를 낼 수 있다. 하지만 이는 어디까지나 개인의 심리 문제이므로 앞선 원인들처럼 정량적인 분석은 쉽지 않을 것이다(나는 이와 관련된 심리학이나 경영학 연구를 찾아보았으나 아쉽게도 적절한 자료를 찾지 못했다).

이유야 어쨌든 관측된 결과만 놓고 보면 높은 보상이 오히려 성과를 떨어뜨리는 듯하다. 따라서 어떤 사람은 선수들이 높은 경기력을 유지하게 하려면 FA 같은 높은 보상을 주지 않아야 한다고 생각할지도 모르겠다. 하지만 앞서 언급한 어린이집 벌금 사례에서 알 수 있듯이 사람들의 인센티브는 그렇게 단순하지 않다. 이 경우에도 단순히 FA 직후에 경기력이 떨어진다는 표면적인 현상만 보고 판단하는 것은 위험하다. 왜냐하면 두 번째 원인과 관련된 연구에서 알 수 있듯이 사람들은 좋은 성과가 큰 보상으로 이어진다는 사실을 아는 상황에서 되도록 많은 보상을 받기 위해 본인의 평균 역량보다 높은 성과를 내는 경향이 있기 때문이다. 따라서 만약 구단에서 '선수들에게 높은 보상을 주면 태만해질 테니 보상을 주지 않겠다.'라는 전략을 취한다면 자칫 높은 보상을 기대할 수 없으니 선수들은 애초에 노력조차 하지 않을 수 있고, 그러면 선수들의 경기력이 전반적으로 저하되는 결과를 가져올 수 있을 것이다.

그렇다면 프로 스포츠 사례처럼 높은 보상을 바라는 마음이 성과에 끼치는 영향력을 최대한 배제하고 보상 자체가 사람들의 태도에 어떤 영향을 미치는지 파악하는 방법은 없을까? 이를테면 나의 노력과 무관하게 임의의 큰 보상이 주어졌을 때 사람들은 과연 어떻게 달라질까? 일하지 않아도 먹고사는 데 충분한 부가 주어진다면 사람들은 더 노력할 필요가 없으니 게을러질까? 이것을 알기 위해 사회과학자들이 사용한 방법 가운데 하나는 복권 당첨자의 행태를 분석하는 것이었다. 복권 당첨은 당첨 시기를 예측하지 못하기 때문에 보상받기 전의 행동이 보상의 기대감에 의한 영향을 덜 받을 것이기 때문이다.

스웨덴의 사회학자인 벵트 라르손Bengt Larsson은 복권당첨자 420명에게 시행한 설문 조사를 바탕으로 복권 당첨이 그 이후의 삶에 어떤 영향을 미치는지 연구했다.[6] 그의 연구에 따르면 복권 당첨자들의 상당수는 당첨 이후에도 자기 삶의 방식을 크게 바꾸지 않았다고 한다. 소비 수준이 이전에 비해 조금 높아지긴 했지만 새로운 삶을 사는 데 신중했으며, 당첨금 대부분을 저축하거나 재투자하는 데 사용했다. 즉, 그들은 노력하지 않아도 될 정도의 충분한 보상이 주어지더라도 그리 태만해지지 않았다.

물론 이 연구는 스웨덴의 일부 당첨자에 관한 사례 분석이기 때문에 일반화하기에는 무리가 있다. 어쩌면 스웨덴은 이미 상당한 수준의 복지 제도를 갖춘 국가이므로 금전적인 보상이 삶에 미치는 영향이 그리 크지 않았을 수 있다. 따라서 복권 당첨이 삶에 미치는 영향에 관한 보편적인 원리를 파악하려면 좀 더 다양한 국가와 사회에서 당첨자들의 삶을 추적해야 할 것이다. 하지만 이런 연구는 데이터를 확보하기가 매우 어렵다. 복권 당첨자들을 일일이 찾아내기도 어려울뿐더러 당첨 전후의 변화를 정확하고 객관적으로 추적 관찰해 정량적으로 측정하는 것은 사실상 불가능하다. 따라서 위 연구는 관찰할 수 있는 사례만 분석에 사용함으로써 생기는 '선택 편향' 문제를 벗어나지 못한다.

이 사례를 통해 알 수 있듯이 어떤 조건(큰 보상)이 결과(보상 이후의 성과나 태도)에 미치는 영향을 파악하는 것은 그리 단순하지 않다. 결과에 영향을 줄 수 있는 다른 요인이 많기 때문이다. 만약 이런 요인들을 잘 고려하지 않으면 자칫 잘못된 결론을 내릴 수 있다. 그래서 보통 사회과학자들은 하나의 연구 사례만 보고 섣불리 일반화하지 않는다. 수많은 연구 사례가 쌓이고 이들이 일관된 결과를 보여야 비로소 조심스럽게 가설을 수용한다. 하지만 많은 사회과학 문제는 일반화하기에 충분할 만큼의 적절한 연구 대상을 찾기가 힘들다. 고작해야 앞서 소개한 프로 스포츠나 복권 당첨처럼 제한된 상황을 이용할 수 있을 뿐이다.

온라인 게임에서 이런 문제를 연구해보면 어떨까? 앞서 언급했듯이 온라인 게임 속 가상 세계는 현실 세계의 행태와 유사점이 많다. 게다가 캐릭터의 가상 세계 속 행태를 세밀하게 관찰할 수 있는 풍부한 데이터가 있다. 세밀하게 관찰할 수 있는 데이터가 많으면 연구자들이 인과 추론 분석을 할 때 결과에 영향을 줄 수 있는 다른 요인들을 그만큼 잘 통제할 수 있다. 그러면 이제부터 가상 세계 캐릭터들은 큰 보상이 주어졌을 때 어떻게 행동하는지 분석한 사례를 한번 살펴보겠다.

좋은 아이템을 얻으면 게임을 더 열심히 할까

앞서 언급했듯이 MMORPG에서는 현실 세계와 매우 유사한 수준의 다양한 활동이 가능하다. 대다수의 게임 사용자가 이런 다양한 활동을 통해 추구하는 주요 목표는 '성장'이다. 좀 더 자극적으로 표현하자면, 남들보다 강해지는 것이다. 이를 위해 사용자들은 캐릭터의 레벨을 높이거나 좋은 아이템을 얻기 위해 노력한다. 비유하자면 캐릭터의 레벨이 올라가는 것은 현실 세계에서 사회적 지위가 올라가는 것에 해당하며, 좋은 아이템을 획득하는 것은 현실 세계에서 부를 쌓는 것과 비슷하다. 따라서 일반적으로는 구하기 힘든 굉장히 희귀한 아이템을 우연히 얻는 것은 현실 세계에서 우연히 큰 부를 얻는 사건인 복권 당첨에 비유할 수 있을 것이다. 그렇다면 과연 모두가 원하는 굉장히 좋은 아이템을 얻은 사용자는 이후에 게임 활동이 어떻게 달라질까? 내가 소속된 분석팀은 엔씨소프트에서 서비스 중인 한 게임 데이터를 이용해 이에 관해 분석했다.[7]

해당 게임에서는 캐릭터들이 일종의 '직업'을 갖는데, 각 직업에는 등급이 있어서 등급이 올라갈수록 캐릭터의 능력치도 높아진다. 그리고 이렇게 등급을 올리기 위해서는 '변신 카드'라고 부르는 특별한 아이템이 필요하다. 각 직업 등급에는 이름이 있는데, 특히 '영웅'이라는 등급은 각 직업이 가질 수 있는 등급 중 최상위 등급이어서 해당 등급을 얻으면 캐릭터의 능력치가 대폭 높아진다. 하지만 이 아이템을 얻기는 대단히 어렵기 때문에 많은 캐릭터에게 영웅 등급의 변신 카드를 획득하는 것은 게임 활동의 중요한 목표다. 즉, 프로 스포츠의 장기 계약이나 직장에서의 높은 인센티브 같은 것이다.

그런데 영웅 변신 카드를 얻기 위해서는 노력뿐만 아니라 운도 필요하다. 사용자는 게임을 열심히 할수록 다양한 변신 카드를 얻을 수 있는데, 이런 변신 카드는 아직 등급이 정해지지 않은 상태에서 얻는다. 우선 등급이 결정되기 전 상태의 변신 카드를 얻으며, 이 카드를 사용하는 시점에 정해진 확률에 의해 등급이 결정되는 것이다. 당연히 영웅 변신 카드는 가치가 높은 만큼 확률이 매우 낮게 설정되어 있어서 변신 카드를 통해 영웅 등급을 획득하는 것은 일종의 복권 당첨과 비슷하다.

이렇듯 영웅 변신 카드는 사용자에게 열심히 게임을 한 대가로 주어지는 큰 보상인 동시에 획득 시점을 예측할 수 없다는 특징이 있다. 야구나 축구의 사례에서 알 수 있듯이 큰 인센티브가 주어지는 시점과 기준을 미리 알면 보상이 주어진 이후에 성과가 떨어지는 것이 보상을 충족했기 때문인지 아니면 직전에 너무 열심히 활동했기 때문인지를 구분하기 어려운 문제가 있다. 반면 이렇게 보상을 얻는 시점을 예측할 수 없는 상황에서는 인센티브 획득 직전에 생길 수 있는 의도된 행태에 의한 편향 문제를 신경 쓸 필요 없이 보상 충족에 따라 행태가 어떻게 바뀌는지만 분석할 수 있다.

우리는 분석 대상 게임에서 영웅 변신 카드를 우연히 획득한 캐릭터들이 해당 아이템을 획득한 시점을 기준으로 이전과 이후 각각 한 달 동안의 게임 활동 관련 정보를 수집했다. 그리고 이들과의 비교를 위해 같은 기간에 영웅 변신 카드를 획득하지 못한 캐릭터 중 이들과 여러 가지 특성, 예를 들어 게임을 실행한 기간이나 캐릭터 레벨, 영웅 카드를 획득하기 위해 수행한 여러 가지 활동 등이 비슷한 집단을 선별해 이들의 게임 활동 관련 정보를 수집했다. 인과 추론 분석에서는 보통 전자를 '실

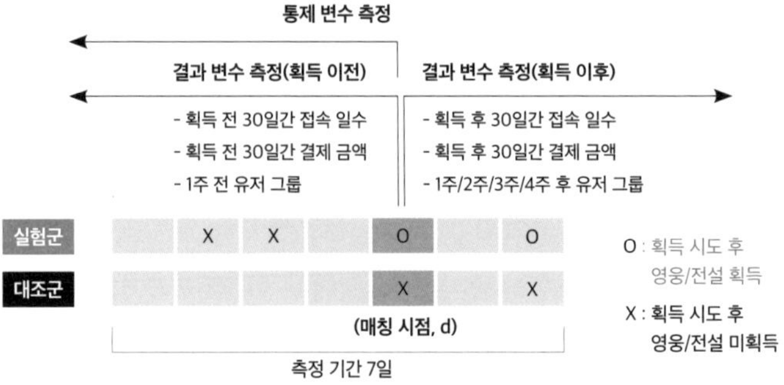

〈그림 6〉 영웅 변신 카드 획득 전/후의 게임 수행 변화를 분석하기 위해 실험군과 대조군을 나눠 설계한 분석 모형을 도식화한 자료. 정확한 인과 추론을 위해서는 반드시 데이터를 수집하고 분석할 방법을 꼼꼼하게 설계해야 한다.[8]

험군treatment group'이라고 부르고 후자를 '대조군control group'이라고 부른다. 〈그림 6〉은 이 실험 설정을 간략히 도식화한 것이다.

우리는 이렇게 수집한 데이터를 이용해 실험군에 속한 캐릭터들의 영웅 변신 카드 획득 전/후 게임 활동량이 어떻게 달라졌는지 측정함과 동시에 대조군에 속한 캐릭터들에 대해서도 동일 기간 게임 활동량의 변화를 측정했다. 이후 '회귀 분석regression analysis'이라고 부르는 통계 분석 방법을 이용해 두 집단에 어떤 차이가 있는지 확인했다. 회귀 분석이란 내가 집계한 어떤 측정치(여기서는 사용자의 게임 활동량 변화)와 관련이 있을 것으로 예상되는 요인(여기서는 영웅 변신 카드 획득 여부)이 얼마나 연관성이 있는지 정량적으로 추정할 때 많이 사용하는 통계 분석 기법이다. 만약 영웅 변신 카드 획득이라는 큰 보상이 사용자에게 별 영향을 주지 않는다면 두 집단 간에 차이는 없을 것이고, 그렇지 않다면 통계적으로 차이가 있으리라는 것이 이 분석의 주요 가설이었다.

분석 결과는 흥미로웠다. 영웅 변신 카드를 획득한 집단은 대조군과 비교했을 때 평균적으로 게임에 더 자주 접속했으며, 게임 내에서의 활동량도 늘었다. 즉, 사용자들은 목표로 하는 좋은 아이템을 얻으면 그것 자체에 만족하고 끝나는 것이 아니라 이후 게임에 더 몰입하는 경향이 있었다. 특히 이런 경향은 보상이 주어지기 전에 게임 참여도가 그리 높지 않았던 사용자에게서 더 크게 나타났다. 물론 이것은 게임이라는 특수한 상황에서만 관측되는 현상일 수 있으므로 모든 상황에서 그럴 것이라고 확대해석해서는 안 될 것이다. 하지만 적어도 인간이 인센티브에 어떻게 반응하는지 그 원리를 이해하는 데 도움이 되는 실마리 정도는 될 수 있지 않을까 생각한다.

PK를 당한 사용자는 게임에서 이탈할까

지금까지는 사람들이 인센티브에 어떻게 반응하는지를 주로 얘기해보았다. 그렇다면 반대로 페널티에 대해서는 어떻게 반응할까? 행동경제학에 따르면 사람들은 이익보다 손실에 더 민감하게 반응한다고 알려져 있다. 이것을 '손실 회피 성향loss aversion bias'이라고 부른다. 이를테면 확률이 50%인 동전 던지기에서 앞/뒷면을 맞추면 그냥 10만 원을 주는 조건과 5만 원을 게임 참여 비용으로 내고 동전의 앞/뒷면을 맞추면 20만 원을 버는 조건이 있을 때 (두 조건의 기댓값은 같다) 사람들은 전자의 조건으로 게임을 하는 것을 선호한다. 심지어 후자의 조건에서 20만 원이 아니라 더 큰 상금을 제시하더라도 웬만하면 후자의 게임 방식을 선택하지 않는다. 그만큼 사람들은 손실을 피하는 경향이 강하다. 그런데 앞서 이스라엘의 어린이집 사례에서도 알 수 있듯이 현실 사회에서 페널티라는 것은 생각보다 명확하지 않다. 따라서 인센티브에서도 그랬듯이 어떤 페널티가 사람들의 행태에 미치는 영향을 추정하려면 적절한 데이터와 복잡한 분석이 필요하다.

MMORPG에서 PK는 말 그대로 가상 세계에서 캐릭터들끼리 서로 죽이는 행위를 의미한다. 비록 다른 캐릭터를 죽이는 것은 부정적이고 폭력적인 행위라는 인식이 있지만, 공격당한 캐릭터가 실제로 죽는 게 아니라 일정 정도의 페널티를 받을 뿐이기 때문에 그저 게임이 제공하는 콘텐츠의 일종이라고 생각하면 되겠다.

그렇다 하더라도 PK는 게임을 즐기는 사용자뿐만 아니라 게임을 개발하는 사람들 사이에서도 여러 가지 논란이 있는 콘텐츠다. PK는 다소 자극적인 콘텐츠여서 이에 지나치게 몰입하는 사용자들이 있다. 특히 높은 레벨의 캐릭터들이 힘이 약한 낮은 레벨의 캐릭터들을 학살하고 다님으로써 신규 사용자의 게임 활동을 방해하는 문제가 발생할 수 있다. 이런 이유로 인해 PK를 제한하는 것이 좋다는 의견이 있다.

반면에 PK는 사용자 사이에 경쟁심이나 호승심을 자극해 게임을 전반적으로 활성화하는 데 긍정적이라는 의견도 있다. 그렇다면 실제로 PK를 당한 캐릭터들은 이후에 게임 활동이 어떻게 바뀔까? 게임 활동을 방해받은 것 때문에 위축될까 아니면 되갚아주겠다는 복수심이나 앞으로는 당하지 않도록 더 강해지겠다는 경쟁심으로 인해 더 열심히 할까? 앞서 인센티브에 관한 분석과 비슷하게 인과 추론 분석을 이용하면 이를 추정할 수 있다.

역시 내가 속한 분석팀은 PK를 당한 집단과 그렇지 않은 집단을 선별해 이들이 PK를 당한 시점 이후에 게임에서 이탈하는 비율을 비교 분석해보았다.[9] 물론 이전 분석과 마찬가지로 이탈에 영향을 줄 만한 다른 조건들을 평균적으로 비슷하게 통제하는 작업도 잊지 않았다. 영향도를 추정하는 방법으로는 회귀 분석 기법을 사용했는데, 분석 결과에 따르면 PK로 피해를 본 집단은 그렇지 않은 집단보다 오히려 이탈률이 약 7%p 정도 낮았다. 다시 말해 PK를 당한 사람들은 오히려 더 게임에 몰입하는 경향을 보인 것이다. 이것은 PK가 경쟁심이나 호승심을 자극해 게임 활동에 긍정적인 효과를 준다는 주장을 뒷받침하는 듯 보인다.

우리는 여기에 만족하지 않고 이 분석을 더 확장해 한 가지 조건을 추가해보았다. 앞서 실험에서는 PK를 한 번이라도 당한 집단을 실험군으로 선별했지만, 이번에는 일주일 동안 최소 2일 이상 PK를 당한 집단으로 조건을 강화했다. 더 나아가 피해를 준 캐릭터에 대해서도 조건을 추가했는데, 평소에 여러 캐릭터를 무분별하게 공격해 죽이는 악명이 높은 캐릭터들을 선별한 후 이들에 의해 반복적으로 피해를 본 캐릭터들만 실험군으로 선별했다.

현실 세계에 빗대어보자면 직전 분석에서는 단순히 학교에서 다른 학생과 한 번이라도 싸워서 진 학생과 싸움해본 적이 없는 학생을 비교한 것이라면, 후속 분석에서는 이른바 '일진'에게 반복적으로 괴롭힘을 당하는 학생을 선별해 다른 학생들과 비교한 것이다. 후속 분석의 결과는 이전과 달랐다. 악명 높은 캐릭터에게서 반복적으로 PK를 당한 캐릭터들은 이후 게임 활동 지표가 낮아지는 경향이 있었다. 즉, PK가 게임 몰입에 부정적인 영향을 준 것이다. 적당한 페널티는 사용자가 게임에 더욱 몰입하게끔 자극하는 경향이 있지만, 지나치면 오히려 부정적인 효과를 주는 것이 아닌가 싶다. 현실 세계에서든 가상 세계에서든 뭐든지 과하면 넘치는 법인가 보다.

인센티브, 인간 행동의 연료

이번 장에서는 인간 개개인이 인센티브나 페널티에 어떻게 반응하는지 다뤘다. 인센티브와 페널티는 인간이 어떤 상황에서 어떻게 행동할 것인가를 이해하는 데 중요한 원리다. 그래서 수많은 사회과학자는 이 원리를 찾기 위해 다양한 연구를 수행한다. 어쩌면 사회과학자들이 이런 것을 연구하는 이유 역시 이를 통해 '명성'이라는 인센티브를 얻기 위함이지 않을까 싶다. 심지어 앞서 몇 가지 사례를 소개했듯이 게임은 인간의 행태를 이해하기 위한 여러 가지 사례를 분석하는 데 좋은 데이터를 갖고 있다. 그럼에도 불구하고 관련 연구가 잘 이뤄지지 않는 건 어쩌면 게임 회사로서는 이런 연구 활동을 통해 얻을 수 있는 인센티브가 명확하지 않기 때문인지도 모른다. 이런 관점에서 보면 인센티브는 인간이 행동하는 데 필요한 연료와 같은 것이겠다.

한편, 인간은 사회적 동물이라는 말이 있듯이 공통의 이익을 위해 혹은 개인의 이익을 극대화하기 위해 공동체를 구성한다. 우리는 취미 활동을 위한 소모임부터 기업, 국가에 이르기까지 여러 종류의 조직을 직접 구성하거나 기존 조직에 들어간다. 또한 이미 소속해 있는 조직을 떠나 다른 곳으로 옮기기도 한다. 이 때문에 어떤 조직은 수많은 구성원이 몰려들어 크게 성장하는 반면, 그렇지 못한 조직은 구성원 대부분이 떠나는 바람에 점점 쇠락하다가 결국 사라지는 경우를 보곤 한다.

따라서 어떤 조직은 성공하고 어떤 조직은 실패하는지, 시간의 흐름에 따라 조직이 어떻게 변화하는지 등 조직의 흥망성쇠와 관련된 연구는 사회과학의 주요 주제다. 특히 경영학에서는 기업 성공의 비밀을 파헤치기 위해 여러 기업의 성공과 실패 사례를 분석하고 있다. 그렇다면 이렇게 조직의 흥망성쇠를 좌우하는 원인이나 원리 역시 게임 데이터를 이용해 분석해볼 수 있지 않을까? 다음 장에서는 이에 관한 이야기를 풀어볼까 한다.

3장

조직 경영

길드와 회사의 흥망성쇠

바츠해방전쟁, 가상 세계 속 민중 봉기

온라인 게임에 관심 있는 독자라면 '바츠해방전쟁'이라는 사건을 한 번쯤 들어봤을 것이다. '바츠해방전쟁'은 〈리니지 2Lineage 2〉의 '바츠'라는 서버에서 몇 년 동안 벌어진 가상 세계 속 전쟁을 가리킨다. 〈리니지 2〉에서는 수십 명에서 수백 명의 캐릭터가 '혈맹'이라는 단체를 구성해 활동한다. 현실 역사에서 지역 영주들이 세력 다툼을 했듯이 〈리니지 2〉의 가상 세계에서 게임 사용자들은 군주 캐릭터를 중심으로 혈맹을 결성해 활동한다. 혈맹들은 서로 연합하거나 경쟁하며 가상 세계에서 우위를 차지하기 위해 치열한 세력 다툼을 벌이는데, 바츠해방전쟁은 바로 이 혈맹 간의 세력 다툼 과정에서 장기간에 걸쳐 벌어졌다.

얼핏 생각하기에 그저 가상 세계에서 캐릭터들 간의 단순한 싸움에 불과해 보이지만 이 사건이 특별했던 이유가 있다. '해방'이라는 단어에서 알 수 있듯이 강한 힘을 바탕으로 가상 세계 속 이권을 독점하고 폭력을 행사하던 혈맹에 맞서 '민중'이라고 부를 수 있는 다수의 힘없는 캐릭터들이 힘을 합쳐 봉기한 사건이기 때문이다. 더 나아가 전쟁이 진행되는 과정도 무척 극적이고 흥미로울 뿐만 아니라 전쟁이 발생한 배경이나 양상이 현실 세계 역사에 기록된 유명한 전쟁사나 혁명사와 유사한 점도 많다.

그래서 바츠해방전쟁은 사이버 세계에서의 사회 현상을 연구하는 데 있어 가장 대표적이고 중요한 사례로 꼽히고 있다. 바츠해방전쟁은 크게 1차와 2차로 나눌 수 있다. 1차 해방전쟁은 대략 2004년부터 2005년까지 약 1년 동안 바츠 서버 전역에 걸쳐 진행된 분쟁을 일컫는다. 그리고 이후부터 약 2008년 3월까지 해당 사건의 주축이었던 혈맹 간에 벌어진 분쟁을 2차 해방전쟁이라 부른다. 하지만 보통 '바츠해방전쟁'이라고 하면 1차 전쟁을 의미한다. 바츠해방전쟁에 관해 잘 모르는 이들을 위해 이 사건을 간략히 정리하자면 다음과 같다.[1]

바츠 서버에는 게임 서비스가 시작되던 때부터 활동하던

'드래건나이트Dragon Knight(이하 DK)'라는 이름의 혈맹이 있었다. 이 혈맹의 중심 구성원은 〈리니지〉부터 오랜 시간 같이 활동했던 사용자들이었다. 따라서 게임 초반부터 이미 다른 혈맹들을 압도하는 실력과 결속력을 갖추고 있었고, 얼마 지나지 않아 게임 전체에서 가장 강력한 혈맹이 되었다. 그런데 DK 혈맹은 자신들의 독주 체제를 유지하기 위해 다른 사용자들의 게임을 방해하고 가상 세계의 재화를 독점하는 등 오랫동안 폭거를 지속해 다른 사용자들의 원성을 샀다.

대부분의 MMORPG가 그렇듯 〈리니지 2〉에서도 사용자들은 몬스터를 사냥해서 아이템이나 재화를 획득할 수 있었다. 그래서 혈맹들은 좀 더 효율이 높고 희귀한 아이템을 얻을 수 있는 사냥터를 독점하기 위해 치열하게 경쟁했다. 〈리니지 2〉에서는 '용의 계곡'이라는 사냥터가 바로 그런 곳이었다. DK 혈맹에서는 자신들 소속이나 동맹을 맺은 혈맹이 아닌 캐릭터들이 그곳에 들어오면 사냥을 방해하거나 심지어 그 캐릭터를 죽임으로써 사냥터를 독점했다.

한편 〈리니지 2〉에는 몇 개의 성이 있어서 혈맹들이 전쟁을 통해 성을 차지하는 제도가 있었다. 성을 차지하면 해당 성에 있는 마을에서 판매되는 물건들에 대해 판매 가격의 일부를 세금으로 징수할 수 있었기에 성을 차지한 혈맹은 남들보다 쉽게 부를 축적할 수 있었다. 심지어 성주가 된 혈맹의 군주는 세율을 조정하는 권한도 갖고 있었다. 그런데 DK 혈맹은 강력한 힘을 바탕으로 많은 성을 차지한 후 높은 세율을 책정했다. 당연히 해당 혈맹이 부유해지는 만큼 일반 캐릭터들은 가난해질 수밖에 없었다. 그래서 많은 사용자가 DK 혈맹의 횡포에 불만을 품었지만 대부분 DK 혈맹에 속한 캐릭터들에 비하면 레벨도 낮고 힘이 약해 굴복할 수밖에 없었다. 심지어 DK 혈맹은 몇몇 강력한 혈맹을 포섭해 연합을 구성함으로써 자신들의 힘을 공고하게 구축했다.

물론 바츠 서버에서 활동하던 수백 개의 혈맹 중에는 DK 혈맹의 폭거에 반발하는 혈맹들도 있었다. 이들은 DK 혈맹에 대항해 주요 사냥터에서 전투를 벌이는 한편 DK 혈맹이 독점한 성을 빼앗으려고 노력했지만, 워낙 DK 혈맹의 힘이 강력했기 때문에 중과부적이었다. 이런 상황에서 DK 혈맹에 대항하는 가장 대표적인 혈맹이었던 '붉은 혁명'이 규모의 열세에도 불구하고 극적인 기만전술을 이용해 DK가 보유한 성 중 하나인 '기란'성을 빼앗는 데 성공한다.

성주가 된 붉은 혁명의 군주 캐릭터는 곧바로 기란성의 세율을 0%로 설정해 바츠 서버 내 캐릭터들에게서 열렬한 지지를 받는다. 비록 얼마 지나지 않아 DK 혈맹에게 기란성을 다시 빼앗기지만, 이 사건은 '반 DK 세력(이하 바츠 연합)'이 모이는 결정적인 계기가 된다. 그래서 많은 사람은 이 기란성 탈환 사건을 바츠해방전쟁의 신호탄으로 평가한다.

시간이 흐를수록 바츠 연합의 규모가 커졌고, 이에 따라 DK 혈맹의 군주도 이들 세력이 점점 커지는 것에 불안을 느꼈다. 그래서 자신들의 힘을 공고히 하는 한편 더는 바츠 연합이 성장하지 못하도록 방해하는 조치를 취했는데, 바로 사냥터를 추가로 통제하는 것이었다. 앞서 언급했듯이 〈리니지 2〉에는 여러 사냥터가 있었는데 '용의 계곡'이 가장 효율이 높았고 여기에 들어오지 못한 캐릭터들이 대안으로 이용하던 곳으로 '실렌의 봉인'이라는 사냥터가 있었다. 바츠 연합의 캐릭터들은 주로 이곳에서 사냥하며 힘을 키우고 있었다. 그래서 DK 혈맹의 군주는 바츠 연합 캐릭터들의 성장을 방해하기 위해 모든 혈맹원에게 앞으로 '실렌의 봉인'에서 사냥하라고 명령한다.

이러한 조치는 비록 바츠 연합을 '실렌의 봉인'에서 쫓아내는 데는 성공했지만, DK 혈맹원들 및 동맹 혈맹이 갈등하는 계기가 되고 만다. DK 혈맹에 속한 캐릭터들처럼 높은 레벨의 사용자로서는 '용의 계곡'이 아닌 다른 사냥터를 이용하는 것이 자신들의 성장이나 재화 취득에 손해였기 때문이다. 급기야 DK 군주의 무리한 판단이 계속됨으로써 동맹 혈맹과의 갈등이 깊어졌고, 결국 DK 동맹에서 큰 세력을 형성하던 '제네시스'라는 혈맹이 DK 동맹에서 탈퇴한 후 바츠 연합에 합류했다. 이 때문에 뜻밖에도 DK 군주의 기대와 달리 바츠 연합의 힘은 더욱 커졌다. 한편, 같은 시기에 사람들은 게임 안에서뿐만 아니라 인터넷 게시판을 통해서도 DK 혈맹의 횡포를 폭로하며 도움을 호소하는 글을 올리기 시작했다. 심지어 가상 세계에서 발생한 이 갈등과 분쟁을 흥미롭게 생각한 언론사는 바츠 서버의 분쟁을 기사를 통해 소개하기 시작했다.

이렇게 바츠 서버에서 벌어지는 분쟁이 외부인에게도 널리 퍼지자 다른 서버에서 활동하던 사용자들도 바츠 서버에 캐릭터를 만든 후 바츠 연합에 들어오기 시작하면서 바츠 연합의 세력은 점점 커졌고, 결국 DK 혈맹과 본격적으로 전쟁을 벌였다. 하지만 아무리 바츠 연합의 세력이 커졌다 하더라도 대부분 낮은 레벨 캐릭터로 이뤄져 있는 반면, DK 혈맹에는 높은 레벨과 강력한 아이템을 독점한 캐릭터가 다수 포진하고 있었기 때문에 여전히 직접적인 힘을 비교했을 때는 상대가 될 수 없었다.

그런데도 바츠 연합이 DK 혈맹에 맞서 싸울 수 있었던 것은 이른바 '내복단'이라고 부르는 사용자들의 활약 때문이었다. 이들은 앞서 언급한 언론 기사 및 인터넷 게시판 호소문에

호응한 다른 서버 사용자들이 본인의 원래 캐릭터를 봉인하고 바츠 서버에 새로 만든 캐릭터들이었다. 그래서 이 캐릭터들은 대부분 낮은 레벨에 아이템도 제대로 장착하지 못한 상태였고, 얼핏 봤을 때는 너무 약해서 전투에 전혀 도움이 되지 못하는 존재였다. 하지만 이 캐릭터들을 조종하는 사용자들은 게임 체계에 능숙했기 때문에 집단 지성을 발휘해 자신들만의 독특한 전략으로 DK 혈맹의 강력한 캐릭터들을 상대했다.

〈리니지 2〉에는 하급 캐릭터도 습득할 수 있는 '모탈 블로우'라는 기술이 있었는데 이 기술을 사용하면 일정 확률로 상대방에게 20~30 정도의 피해를 줄 수 있었다. 보통 상급 캐릭터의 체력은 수천 이상이기 때문에 이 정도는 미미한 피해에 지나지 않았지만, 내복단은 100명 이상이 한 캐릭터를 집중적으로 공격하는 방식으로 이 기술을 사용함으로써 높은 효과를 발휘할 수 있었다. 심지어 이들은 전방에서 싸우는 강력한 캐릭터 대신 이들을 지원하는 힐러 캐릭터에게 이 전술을 사용했다. 보통 힐러 캐릭터는 공격수보다는 체력이 약하기 때문에 이렇게 100명 정도가 집중적으로 공격하면 한 번에 죽일 수 있었다. 게다가 힐러가 죽으면 전방의 공격수들이 체력 회복을 지원받지 못하기 때문에 시간이 갈수록 바츠 연합의 중심 공격수에게 밀렸다.

그 외에도 내복단은 캐릭터 수가 훨씬 많다는 점을 활용해 여러 가지 창의적인 전술을 구사했다. 예를 들어 채팅창에 거짓 정보를 흘려 DK 혈맹의 협업에 혼란을 주거나 싸움 도중 갑자기 그들에게 아이템 거래를 요청함으로써 캐릭터 조종을 방해했고, 심지어 방어벽 역할을 하면서 적의 이동을 방해하거나 아군의 중심 공격수가 받는 피해를 막았다. 내복단의 활약은 바츠 연합에 큰 힘이 되었으며, 결국 바츠 연합은 DK 혈맹이 차지하고 있던 주요 성들을 빼앗음으로써 DK 혈맹의 독주 체제를 끝냈다. 보통 여기까지를 1차 바츠해방전쟁이라고 부른다.

그런데 이렇게 긍정적으로 끝났으면 아마 바츠해방전쟁이 이렇게까지 회자되지는 못했을 것이다. 이후 새로 권력을 잡은 바츠 연합은 얼마 지나지 않아 연합의 핵심 세력을 형성하던 혈맹들이 이익을 나누는 과정에서 반목했고 결국 분열하고 만다. 심지어 분열 이후 권력을 잡은 혈맹은 다툼이 있었던 다른 혈맹들을 견제하기 위해 세율 인상이나 사냥터 독점과 같이 DK 혈맹이 했던 것과 똑같은 폭거를 저지른다. 결국 변해버린 바츠 연합에 실망한 내복단은 연합에 대한 지원을 철회하고 원래 자신들이 활동하던 서버로 돌아갔다. 심지어 바츠 연합에 의해 완전히 몰락한 듯했던 DK 혈맹은 와신상담하며 이전 군주가 물러난 자리를 대신한 새로운 군주의 지휘를 받아 세력을 재정비했다. 기회를 엿보던 중 DK 혈맹은 바츠 연합이 분열한 기회를 놓치지 않고 이들이 보유하고 있던 성들을 재탈환하여 다시 주도권을 쥐었다. 이후 이들 혈맹 간의 분쟁은 약 3년 동안 더 이어졌는데, 이것을 2차 바츠해방전쟁이라고 부른다.

이 사건은 가상 세계에서 발생한 최초의 민중 봉기라는 측면에서 사람들의 흥미를 끌었다. 그래서 어떤 이들은 이것을 프랑스혁명에 비견해 평가하기도 한다. 하지만 좀 더 세부적인 과정과 배경을 살펴보면 더욱 흥미롭다. 표면적으로는 DK 혈맹에 맞선 바츠 연합 세력이 숭고한 명분을 갖고 시작한 것으로 보이지만, 전쟁이 발발한 계기나 전쟁에서 승리한 후에 이권 분배 과정에서 결국 갈등이 생기고 분열되는 모습, 그 이후에 권력을 쟁취한 혈맹이 다시 기존 DK 혈맹과 비슷한 행태를 보이다 몰락하는 과정을 보면 결국 모든 것은 인간의 욕심에서 비롯되는 듯하다.

특히 바츠해방전쟁은 전쟁에 참여한 혈맹이나 연합이 어떻게 결성되었고 반목하며 쇠퇴했는지 전체 과정이 (현실 세계의 역사에 비해 상대적으로) 짧은 기간 동안 극적이고 빠르게 진행되었기 때문에, 마치 세계사에 등장하는 주요 국가나 권력의 흥망성쇠를 압축해 보는 듯하다. 더 나아가 이것은 개개인이 모여 형성되는 사회조직이 어떤 목적으로 결성되고 성장하며 쇠퇴하고 결국 해체되는지를 이해하는 데 좋은 사례가 될 수 있다.

한편으로는 이렇게 인류사 전반에 걸쳐 이익 집단이 형성되고 성장하며 쇠퇴하는 모습이 전형적으로 반복되는 것은 인간이 가진 본성 때문이 아닌가 싶다. 그렇기에 조직의 흥망성쇠 구조를 연구하는 것은 인간 자체를 이해하는 데 중요한 연구 주제라고 생각한다. 앞선 사례에서 알 수 있듯이 가상 세계 속 캐릭터들도 현실 세계처럼 자신들의 이익을 위해 단체를 결성하고 서로 협력과 경쟁을 통해 성장하거나 쇠퇴한다. 따라서 MMORPG 속 사회조직을 연구하는 것은 현실 세계의 조직에 관한 연구 못지않게 관심을 가질 만한 주제가 될 듯하다.

가상 세계와 현실 세계의 사회조직

대부분의 MMORPG에서 사용자들은 서로 긴밀하게 협업하기 위해 단체를 구성할 수 있다. 게임마다 이 단체를 부르는 이름은 제각각인데, 예를 들어 〈WoW〉에서는 '길드', 〈리니지〉에서는 '혈맹'이라고 하며, 〈아이온Aion〉에서는 '레기온'이라고 부른다. 이름은 저마다 다르지만 기본적인 규칙이나 특성은 거의 유사하다. 각 단체에는 최초에 조직을 만들고 조직원을 가입시키거나 탈퇴시킬 권한이 있는 수장이 있으며, 조직원은 단체 활동을 얼마나 열심히 참여하는지에 따라 등급이 매겨진다. 더 나아가 조직 자체도 구성원의 규모나 게임에서의 활동 정도에 따라 등급이 매겨지는데, 등급이 높아질수록 조직 및 조직원에게 주어지는 혜택이 커진다.

따라서 사용자들은 개인의 이익을 위해서라도 조직 자체를 성장시키는 한편 개인적으로도 조직 내 등급을 높이기 위해 노력한다. 물론 조직 활동에는 어느 정도 개인의 희생도 필요하다. 조직의 공동 이익을 위한 활동에 집중하면 캐릭터 자체의 성장에 필요한 시간이 그만큼 줄어들기 때문이다. 따라서 공동의 이익을 위해 결성된 조직이라 하더라도 개인과 조직의 이익 사이에는 어느 정도 상충 관계trade-off가 있다.

여기까지 소개한 내용을 읽어보면 느끼겠지만, MMORPG에 있는 길드나 혈맹 같은 단체는 현실 세계의 회사나 정당 같은 이익 집단과 여러 면에서 비슷한 속성이 있다. 따라서 길드나 혈맹이 어떻게 활동하고 성장/쇠퇴하는지 관련 데이터를 분석하는 것은 기업 활동을 연구하는 데 참고가 될 수 있을 것이다. 여기서는 실제 유명 게임 데이터를 이용해 가상 세계 집단의 활동과 행태를 추적하고 이를 통해 조직 성장 원리를 분석한 몇몇 연구 사례를 소개하겠다.

〈월드 오브 워크래프트〉로 분석한 조직과 개인의 성장

팰로앨토연구소의 니콜러스 듀셰노Nicolas Ducheneaut는 〈WoW〉에서 길드원들 간의 사회관계 특성이 조직과 개인의 성장과 생존에 어떤 연관성이 있는지 분석한 논문을 2007년 SIGCHI 학술회의에서 발표했다.[2] 이를 위해 그의 연구팀은 게임 내에서 다른 캐릭터의 레벨, 직업, 소속 길드, 현재 위치 등의 기본 정보를 조회할 수 있는 기능을 이용해 약 6개월 동안 30만 개의 캐릭터 정보를 수집한 후 분석에 사용했다.

그의 연구에 따르면 〈WoW〉의 길드는 대부분 평균 16.8명의 작은 규모로 이뤄져 있었으며, 가장 큰 길드의 인원도 257명 정도였다. 길드의 수명은 짧은 편이어서 첫 관측 후 한 달 이내에 25%의 길드가 소멸했다. 또한 길드원들의 조직 이동은 빈번한 편이었는데, 평균적으로 길드원의 25%는 한 달 이내에 다른 길드로 이동했다. 현실 세계의 회사로 빗대어보면 한 달 내 이직률이 25%인 셈이다. 현실과 비교하면 대단히 역동적이라 할 수 있겠다(이런 역동성은 온라인 게임이 갖는 공통적인 특징이다). 한편 길드의 성장 및 길드원의 이동과 관련해 몇 가지 흥미로운 특징을 발견했는데, 우선 캐릭터의 레벨이 높을수록 길드에 소속된 비율은 높아지는 반면, 특정 길드에서 탈퇴한 후 다른 길드로 이동하는 데는 더 오랜 시간이 걸리는 경향이 있었다. 이에 관해 연구팀은 보통 길드에서는 가입 요청을 한 캐릭터의 레벨이 높을수록 수락 기준이 더 엄격해지고 검토에 시간이 오래 걸리기 때문으로 추정했다. 이건 마치 회사에서 경력이 낮은 직원보다 높은 직원을 채용할 때 더 신중하게 검증하는 것과 비슷하다.

〈WoW〉는 게임 서버마다 특성이 달랐는데 이 중에는 캐릭터 간의 싸움이 활발한 PvP 서버가 있었다. 현실 세계로 비유하자면 곳곳에서 전투가 벌어지는 분쟁지역인 셈이다. 그런데 연구에 따르면 PvP 서버는 다른 서버보다 길드원의 이탈률이 더 높았다. PvP 서버는 개인으로서는 언제든지 다른 이들의 공격을 받을 수 있는 위험한 곳이기 때문에 자신을 보호해줄 길드가 더욱 필요하다. 따라서 얼핏 생각하기에 길드 이탈률이 높은 것은 직관에 반하는 현상이다. 이에 관해 논문의 저자는 오히려 이런 위험지역일수록 자신을 더 잘 보호해줄 만한 길드를 찾아 적극적으로 이동하기 때문에 이런 현상이 나타나는

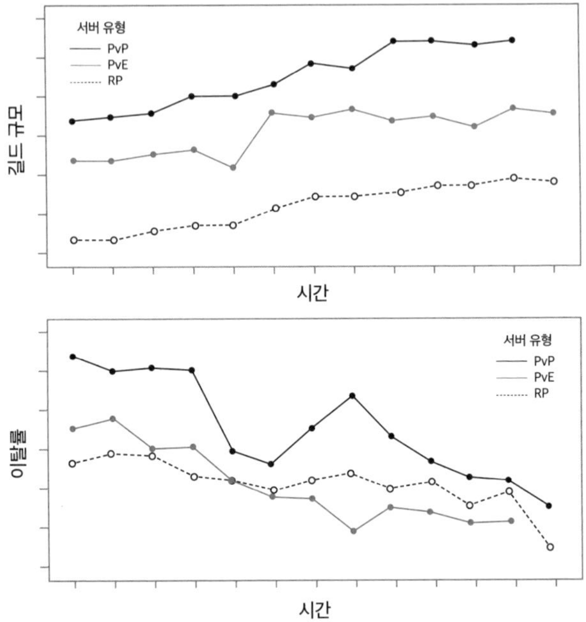

〈그림 7〉 시간의 흐름에 따른 길드의 평균 조직원 수(위)와 이탈률(아래) 그래프. 시간이 흐를수록 길드의 규모는 커지고 이탈률은 낮아지며 안정성이 높아진다. 아래 그래프의 맨 위 검은 실선이 PvP 서버의 이탈률인데, 다른 서버에 비해 전반적으로 높은 것을 확인할 수 있다.[3]

것으로 해석했다. 즉, 본인이 속한 길드가 기대에 미치지 못하다고 판단되면 주저 없이 탈퇴하고 새로운 길드로 옮기는 것이다. 게다가 PvP 서버는 사용자가 직접 선택하는 것이고, 이런 서버를 선택했다는 것은 사용자의 성향이 적극적이고 진취적임을 뜻하므로 좀 더 역동적으로 길드 가입과 탈퇴가 이뤄지는 것이다. 성숙기에 접어들어 안정적인 성향의 기업보다 역

〈그림 8〉 길드원 간의 사회관계 네트워크 시각화 자료. 같은 지역에서 활동한 캐릭터들끼리 선을 연결해 사회관계를 표현했다. 분석에 따르면 조직원들은 같은 조직 안에서도 몇 개의 분절된 소집단을 형성하고 있다.[4]

동적이고 진취적인 성격을 띤 IT 분야의 이직률이 더 높은 것과 비슷하겠다.

연구팀은 여기서 더 나아가 길드원의 사회관계 네트워크를 분석함으로써 그것이 조직의 수명과 조직원의 성장에 어떤 관련성이 있는지 관찰했다. 우선 연구팀은 캐릭터들의 활동 위치를 주기적으로 조회한 후 길드원들끼리 같은 지역에 머무는 시간을 측정했다. 그런 후 같은 길드원끼리 같은 지역에서 활동한 시간이 길수록 두 캐릭터 사이에 친밀성이 높다고 가정했다. 측정 결과 대부분의 길드는 여러 개로 나뉜 소집단을 형성하고 있었다. 즉, 모든 길드원이 항상 같이 활동하는 것은 아니었다. 이것은 게임의 특성상 임무 수행이나 인스턴스 던전 공략 등을 할 때 4명 정도의 소집단을 결성해서 활동하는 콘텐츠가 많고, 대개 비슷한 레벨의 캐릭터끼리 활동하는 것이 유리하기 때문에 생긴 현상이라고 추정할 수 있다. 같은 회사 내에서 여러 개의 팀이 나뉘어 업무를 하는 것과 비슷하다고 볼 수 있겠다.

이렇게 집계한 자료를 이용해 연구팀은 두 가지 분석을 진행했다. 첫째, 조직원의 특징 및 사회관계 구조가 길드의 생존율에 미치는 영향을 회귀 분석 기법을 이용해 추정했다. 둘째, 앞선 분석에서 사용한 데이터를 이번에는 길드의 생존이 아니라 개별 캐릭터의 성장에 미치는 영향을 추정하는 회귀 분석을 수행했다. 두 분석을 통해 연구팀은 길드원들의 특성이나 사회관계가 조직의 생존과 개별 캐릭터의 성장에 미치는 영향이 어떻게 같거나 혹은 다른지 비교했다. 결과를 요약하면 다음 표와 같다.

정리하자면, 조직원들이 함께하는 시간이 길고 조직원들의 직업과 레벨이 고르게 분포할수록 조직의 생존율도 올라가고 캐릭터의 성장에도 유리했다. 하지만 조직의 전체 규모를 키우는 동시에 조직 내 소집단을 잘게 나눌수록 조직의 생존에는 유리하지만 개별 캐릭터의 성장에는 덜 유리했다. 개별 캐릭터에게는 전체 길드 규모가 작고 그 안에서 소집단이 덜 나뉘어 있을수록 성장에 유리했다.

이 연구 결과를 보고 여러분은 어떤 생각이 들었는가? 회사

구분	조직의 생존	개별 캐릭터의 성장
전체 조직원의 수	많을수록 유리	적을수록 유리
조직 내 소집단의 크기	작을수록 유리	클수록 유리
길드원이 함께 활동하는 시간	길수록 유리	
길드원의 직업 분포	다양할수록 유리	
길드원의 레벨 분포	넓게 퍼져 있을수록 유리	

〈표 1〉 조직 생존과 개별 캐릭터 성장에 관한 회귀 분석 결과

에 다니는 독자 중에는 이 결과를 회사의 생존과 노동자 개인의 성장 관계에 대응해본 분이 있을지도 모르겠다. 물론 이 분석 결과는 〈WoW〉라는 게임의 특성을 강하게 반영하기 때문에 현실 세계의 조직과 개인 간 관계에 바로 대입하기에는 적절하지 않을 수 있다. 하지만 현실 세계에서 흔히 경험하는 것처럼 가상 세계에도 개인의 성장과 조직의 생존에 긍정적인 영향을 주는 특성이 서로 다른 경우가 존재함을 정량적으로 보여주는 결과는 흥미롭다고 하겠다. 이제 또 다른 게임에서 조직의 성장과 쇠퇴에 관해 연구가 진행된 사례를 살펴보겠다.

〈아이온〉에서 찾은 조직 흥망성쇠의 원리

버지니아 공과대학의 정태중 교수는 2014년에 〈아이온〉의 데

이터를 이용해 사회경제학적인 관점에서 조직 활동의 특징과 흥망성쇠 원리를 분석한 논문을 월드와이드웹 학술회의에서 발표했다.[5] 정태중 교수의 연구팀은 이 논문에서 가상 세계 속 조직에 대해 크게 세 가지 분석을 진행했다. 첫째, 레기온에 속한 캐릭터와 그렇지 않은 캐릭터의 차이점을 비교 분석함으로써 집단 활동이 개인 활동에 어떤 이익과 변화를 주는지 파악했다. 둘째, 전체 레기온을 성장/정체/쇠퇴하는 집단으로 나누고 그 특징들을 분석함으로써 성장 집단과 쇠퇴 집단의 차이점을 찾고자 했다. 셋째, 사람들이 조직에서 이탈하고 결국 조직이 해체되는 원인을 파악하기 위해 조직원의 이탈 및 레기온의 해체를 예측하는 의사결정나무decision tree 모델을 만든 후 이 모델에서 학습한 예측 조건을 해석했다(그런데 비판적으로 보자면 이렇게 예측 모델을 해석해서 인과관계를 파악하려는 시도는 적절한 방법이 아니다). 연구팀의 분석 결과는 아래와 같이 크게 세 가지로 정리할 수 있다.

1) 곳간에서 인심 난다

2005년에 개봉해 큰 인기를 끌었던 〈웰컴 투 동막골〉이라는 영화가 있다. 한국전쟁 당시 강원도 산골짜기에 있는 한 작은 마을에서 우연히 만난 북한 인민군과 대한민국 국군 그리고 순박한 마을 주민 사이에 벌어지는 사건을 그린 영화다. 이 영화에서 인민군 장교 리수화가 마을 이장과 이런 대화를 나누는 장면이 나온다.

> 리수화: 거 기리니끼니…… 고함 한번 지르디 않고 부락민들을 휘어잡을 수 있는 거…… 위대한 영도력의 비결이 뭐유?
>
> 마을 이장: 뭐를 마이 맥여야지 뭐.

이 대화는 영화에서 짧게 지나가지만 많은 관객의 뇌리에 깊이 남는 장면 중 하나다. 그 이유는 아마도 단순하지만 핵심을 찌르는 이장의 답변 때문일 것이다. 정치나 경영 분야에서 바람직한 리더가 가져야 할 핵심 역량이나 덕목 등을 주장하는 글이나 강연을 접하곤 한다. 하지만 요즘 시대의 요구나 불만의 목소리를 곰곰이 살펴보면 결국 자신들의 배고픔을 해결해줄 수 있는(즉, 이익을 극대화해줄 수 있는) 통솔자나 조직을 원하는 것이 아닌가 싶다. 한마디로 말해 곳간에서 인심 나는 것이겠다.

인류는 왜 사회를 이루고 정부를 구성할까? 개별적인 사건을 보면 각자 숭고한 이상이나 명분이 있어 보이지만 근본적으로는 개인의 이익 추구에서 비롯된 것이 아닐까 싶다. 즉, 혼자 모든 것을 책임지는 것보다 여럿이 모여 분업과 협업을 하는 것이 각자에게도 더 유리하기 때문에 우리는 사회를 구성하는 것이다. 개인이 조직에 충성하는 이유 역시 크게 보면 그렇게 하는 것이 개인에게 이익이기 때문이다. 반대로 말하면 사람들은 자신이 기대하는 이익을 충족시키지 못하는 조직에게 더는 충성하지 않을 것이다. 그렇다면 현실 세계가 아닌 재미 추구가 목적인 온라인 게임에서도 이런 인간의 본성이 드러날까? 이것이 정태중 교수팀이 수행한 연구의 첫 번째 주제였다. 연구팀은 이를 위해 레기온 활동을 하는 캐릭터들과 홀로 활동하는 캐릭터들의 가상 세계 속 활동량과 행태를 분석했다. 특히 연구팀은 캐릭터들의 이익 추구와 관련된 경제활동이 서로 어떻게 차이가 나는지 살펴봤다.

우선 전반적으로 레기온에 속한 캐릭터는 홀로 활동하는 캐릭터보다 게임 시간이나 활동량이 많았다. 아무래도 단체 활동을 하려면 그만큼 더 많이 노력해야 하기 때문일 것이다. 또한 레기온에 속한 캐릭터는 그렇지 않은 캐릭터보다 전반적으로 게임 내 재화 획득량 및 보유량이 늘었다. 이것은 레기온 활동이 개인의 금전적 혜택에 도움을 준다는 의미이며, 레기온 활동 의도에 부합하는 결과라 할 수 있다. 앞서 언급했듯이 개인은 자신의 이익을 극대화하기 위해 조직을 결성한다는 가설에 부합하는 결과였다. 인간은 (혹은 캐릭터는) 현실 세계에서뿐만 아니라 가상 세계에서도 조직에 소속되는 것이 혼자 활동하는 것보다 경제적으로 더 이익이었다. 레기온 전체의 재화가 많지 않으면 조직원이 이탈하는 경향도 있었다. 다시 말해 가난한 레기온에 속한 사용자는 부유한 레기온에 속한 사용자보다 레기온을 떠나는 비율이 높았다. 곳간이 비면 민심은 떠나는 법이다.

조직원의 수가 계속해서 늘어나는 성장 조직은 조직원 수가 일정 수준을 유지하는 정체 조직이나 가입자보다 탈퇴자가 더 많아 규모가 점점 줄어드는 쇠퇴 조직보다 더 많은 재화를 보유하고 있었다. 그런데 성장 조직에 속한 조직원들이 보유한 재화를 살펴보면, 소수의 캐릭터에게 부의 대부분이 편중되는 경향이 있었다. 이것은 현실 세계에서 고성장기에 있는 국가에서 집단의 총 재화는 빠르게 늘어나지만, 그렇게 증가하는 부가 소수의 엘리트 계층에 편중되는 현상과 비슷하다.

하지만 부의 편중이 심해지면 결국 조직이 쇠퇴하는 원인이 되기도 했다. 조직 전체의 부가 일정 수준 이상인 집단들만 비교해보면 부의 편중이 심할수록 사용자의 이탈률이 높았다. 심지어 이 비율은 가난한 레기온의 조직원 이탈률보다 높은 수치였다. 다시 말해 레기온 전체의 부가 늘어날수록 조직원의

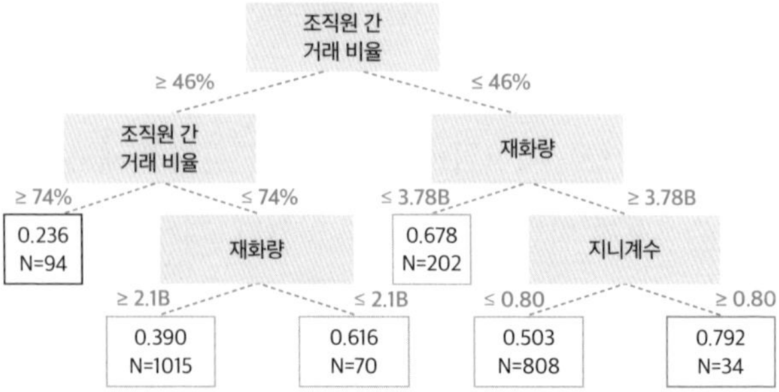

〈그림 9〉 경제활동 및 지표 데이터를 이용해 조직원의 이탈을 예측하는 의사결정나무. 조직원의 이탈률이 가장 높은 조건(보라색 테두리)은 조직 전체의 재화량이 약 38억 이상이 되면서 지니계수(불평등지표)가 0.8 이상이 되는 경우다. 반면 전체 재화량이 적더라도 조직원 간 거래 비율이 높으면(즉, 재화 이동이 활발하면) 이탈률이 낮다.[6]

이탈률은 점점 낮아지지만 빈부 격차는 심해지고, 이렇게 해서 부의 편중이 지나쳐 일정 수준을 넘어가면 오히려 조직원의 이탈률이 높아지는 경향이 있었다. 현실 세계에서 가난한 국가에서는 분배보다 성장에 더 집중하지만, 어느 정도 부유해지고 나면 분배 문제가 사회적 갈등의 주요 원인으로 떠오르는 것과 비슷하겠다.

2) 쇠퇴하는 조직의 리더는 침묵한다

인간이 사회를 형성하는 또 다른 중요한 이유는 소통에 대한 갈증일 것이다. 레기온에 속한 캐릭터는 그렇지 않은 캐릭터보다 게임 안에서 대화나 우편 발송 등의 교류 활동량도 많았다. 물론 대부분의 소통 대상은 같은 레기온에 속한 캐릭터들이었다. 구체적으로 교류 활동을 분석해보면 성장 집단과 쇠퇴 집단 사이에 조직원의 교류 규모나 특성에서 큰 차이를 보였다. 성장 집단은 쇠퇴 집단보다 공동 활동의 응집력이 높았으며 서로 더 자주 소통했다. 또한 성장 집단은 교류 방법이 다양했으며 전체 조직원이 고르게 소통하는 경향도 있었다. 반면, 쇠퇴 집단은 교류 방법도 다양하지 못할뿐더러 그마저도 소수가 독점하는 특징이 있었다.

특히 쇠퇴 집단은 리더 계층에 해당하는 캐릭터들의 교류 활동량이 극히 낮은 경향이 있었다. 심지어 쇠퇴 집단의 40%는 리더들이 어떤 교류 활동도 하지 않았다. 반면 정체 집단은 성장 집단보다는 전체 교류 양은 다소 적었지만 리더들의 교류 활동량은 가장 높았다.

이런 특징들을 종합해 성장 단계 순으로 보자면, 성장 집단은 여러 조직원이 다양한 방법으로 고르게 소통하는 경향을 보인다. 이후 시간이 흘러 조직이 더는 성장하지 못하고 정체기에 접어들면 리더들이 점점 소통을 독점하기 시작한다. 여기서 더 시간이 지나 조직원 수가 줄어드는 쇠퇴기로 넘어가면 리더들마저 더는 조직원들과 소통하지 않는다.

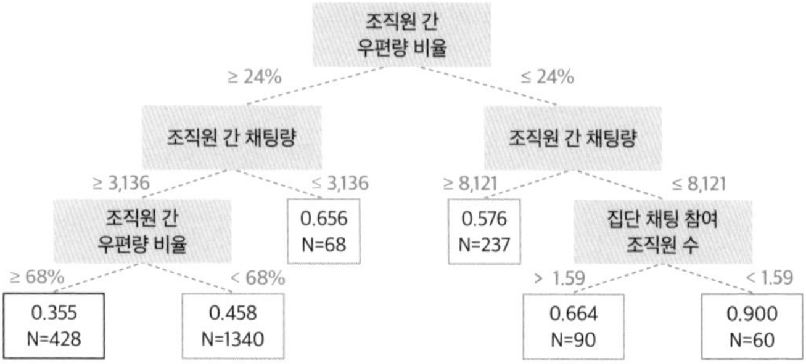

〈그림 10〉 교류 활동 데이터를 이용해 조직원 이탈을 예측하는 의사결정나무. 조직원 간에 주고받는 우편량이나 채팅량이 적고 집단 채팅에 참여하는 조직원이 소수일 때(보라색 테두리) 이탈률이 가장 높게 나타난다.[7]

또 하나 흥미로운 점은 쇠퇴하는 레기온에 속한 캐릭터들이 같은 레기온 내 캐릭터보다 다른 레기온에 속한 캐릭터와 더 자주 소통하는 경향이 있었다는 점이다. 좀 더 구체적으로 살펴보면 레기온에서 이탈하는 캐릭터는 이탈하기 전부터 이미 집단 내 채팅 수는 줄어드는 반면 집단 외부로 보내는 우편 횟수가 많아졌다. 예전에 회사에서 직원의 퇴사를 예측하는 분석 프로젝트를 한 적이 있는데, 여기에서도 퇴사를 앞둔 직원들은 팀 외부 인원과 주고받는 이메일을 늘리는 것이 주요 특징으로 나타난 적이 있었다. 조직에서 이탈하려고 마음먹으면 외부인과의 소통량이 늘어난다는 것은 가상 세계에서나 현실 세계에서나 비슷한 것 같다.

3) 신구세대의 조화가 중요하다

조직원의 가입이나 탈퇴와 관련된 특징을 좀 더 자세히 살펴보면 다시 크게 두 가지 유형으로 나눌 수 있는데, 새 조직원이 오래 활동하지 못하고 이탈하는 집단과 그렇지 않은 집단이 있다. 이 두 집단의 사회관계 특성을 비교해보면, 새 조직원이 오래 머무는 집단이 조직원 사이의 네트워크가 더 끈끈하며 교류가 활발했다. 또한 이렇게 새 조직원이 오래 활동하는 레기온이 그렇지 못한 레기온보다 조직의 수명이 길었다. 즉, 새 조직원 유입이 원활한 집단은 오래 존속하는 반면, 새로 들어온 조직원이 원활하게 융합하지 못하고 이른바 '고인물'끼리만 소통하는 조직은 더 빨리 쇠퇴하는 것이다.

〈그림 11〉은 레기온의 생존율을 예측하는 의사결정나무를 도식으로 표현한 것이다. 이 모델에 따르면 조직원끼리 같이 게임을 수행하는 시간이 많으면서 새 조직원이 기존 조직원과 잘 융합하는 것이 중요했다. 반대로 말하면, 조직원끼리 같이 활동하는 시간이 적거나 새 조직원이 잘 적응하지 못하고 이탈하는 비율이 높으면 그 레기온은 오래 생존하지 못했다. 다소 확대해석을 해보자면, 현실 사회에서도 젊은 세대와 나이 든 세대가 서로 잘 소통하지 못하고, 나이 든 세대가 젊은 세대의 안착을 돕지 않고 혜택을 독점한다면 그 사회는 오래 유지

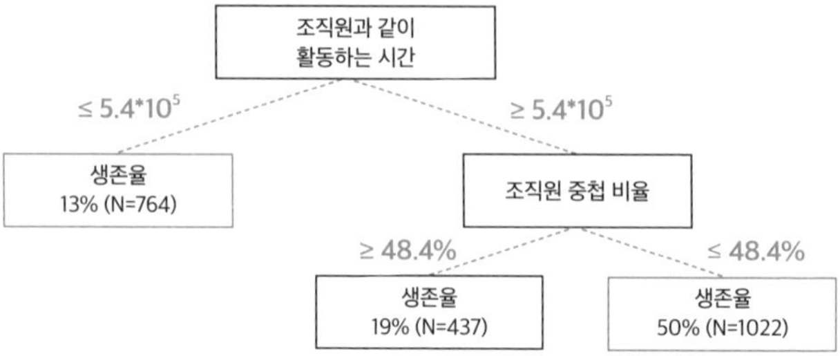

〈그림 11〉 레기온의 생존율을 예측하는 의사결정나무. 그림에서 왼쪽 보라색 테두리로 강조된 것이 레기온의 생존율이 가장 낮은 조건이며, 오른쪽 보라색 테두리는 생존율이 가장 높은 조건이다.[8]

되지 못한다는 것을 보여주는 결과가 아닐까 생각한다.

게임에서 경영을 배우다

한때 출판계에는 'XXX에게서 경영을 배우다'라는 제목의 책들이 유행했다. 심지어 내가 본 어떤 책의 제목은 '드래곤볼에서 경영을 배우다'였다. 배우려는 자세만 충분하다면 세상 무엇에서든 교훈을 얻을 수 있을 것이다. 그러니 만화 내용에서 경영의 본질을 깨닫지 못할 법은 없을 것이다.

이런 관점에서 보면 온라인 게임 역시 조직 경영을 배우기 좋은 사례집이 되지 않을까 생각한다. 특히 앞서 소개했듯이

MMORPG에서 사람들은 길드나 혈맹 같은 조직을 구성하고 서로 협력하거나 경쟁한다. 그 결과 경쟁에서 승리해 가상 세계의 권력을 독점하는 조직도 있지만, 도태되어 스러지는 조직도 있다. 심지어 이 장의 첫 부분에서 소개한 바츠해방전쟁에서 알 수 있듯이 이런 과정은 동적이고 빠르게 진행된다. 조직이 경쟁에서 승리해 권력을 잡더라도 이후 조직 간의 반목과 분열을 통해 쇠퇴하기도 하며, 반대로 퇴출당했다고 생각한 조직이 와신상담을 통해 다시 권력을 찬탈하는 과정을 보면《삼국지》같은 중국 고서를 가상 세계에서 재현한 느낌이다.

게임 데이터에는 이렇게 다양한 조직과 계층의 흥망성쇠가 고스란히 담겨 있다. 아마 그 어떤 기록관보다도 더 상세하고 객관적인 사료로서 그 가치가 높지 않을까 싶다. 과거 역사에 관한 제한된 기록물이나 작가의 상상력에 기반한 이야기보다 더 상세하고 생동감 있는 데이터가 바로 게임 데이터다. 언젠가 '〈아이온〉에서 경영을 배우다' 혹은 '〈리니지〉 혈맹 군주를 통해 배우는 성공하는 리더십' 같은 책이 나오는 날이 오길 기대해본다.

2부

게임

현실
현실
현실

4장

아이템 현금 거래

현질의 경제학

울티마 골드러시[1]

1999년 2월의 어느 날, 미국 텍사스주의 작은 도시 휴토에서 소방관으로 근무하는 데이브 터너Dave Turner는 하루에 최대 8시간씩 일 년 넘게 푹 빠져 지내던 〈울티마 온라인Ultima Online〉 속 가상 세계인 브리타니아Britania에 작별을 고하기로 마음먹는다. 가상 세계에서 그는 '터보호크 경Sir Turbohawk'으로 불리며 약 50만 골드의 가상 재화와 세 척의 거대 용선dragon ship을 가진 강력한 캐릭터였다. 하지만 나이도 어느덧 서른이 되었고 세 아이를 둔 한 집안의 가장이기에 계속 게임에 빠져 지낼 수 없었다. 이제는 정신을 차리고 현실 세계로 돌아와야 할 때였다. 그러나 그는 가상 세계를 떠나기에 앞서 그동안 자신이 그곳에서 해왔던 작업의 가치를 인정받고 싶었다. 그래서 그는 이베이에 접속했고 그의 자랑스러운 터보호크 경을 경매에 부치기로 마음먹는다.

처음 경매 시작가는 39달러였다. 그러나 경매가 시작된 지 이틀이 지나자 경매가는 100달러로 치솟았고, 마감을 한 시간 앞둔 시점에는 500달러를 넘겼으며, 마침내 '슬라이고slygo'라는 사용자에게 낙찰된 최종 가격은 521달러였다. 데이브 터너는 게임 캐릭터를 최초로 판매한 사람은 아니었지만, 이 경매로 인해 적어도 당시까지 알려진 가장 비싼 금액으로 게임 캐릭터를 판매한 사람이 되었다. 그래서 이 소식은 곧 여러 매체를 통해 소개되었다. 터너는 관련 인터뷰에서 구매한 사람이 실제 수표를 보내주기 전까지 정말 돈을 받을 수 있을지 확신할 수 없었다고 말했다. 심지어 〈울티마 온라인〉의 개발사인 일렉트릭 아츠의 담당자들조차도 이 소식에 놀라워했다. 그들은 이것이 게임의 인기를 방증하는 것이라고 생각해 내심 뿌듯했다.

터너의 캐릭터를 구매한 '슬라이고'는 뉴저지에 있는 한 트럭회사의 차량 관리자인 조 치치오네Joe Ciccione였다. 그는 터너의 캐릭터를 구매함으로써 그동안 갈 수 없었던 지역을 탐험할 수 있어 만족스럽다고 답했다. 그는 "나는 열심히 일했고,

그래서 (이 정도 돈을 쓸) 충분한 자격이 있다."라고 말했다. 가상 세계 캐릭터에 무려 500달러가 넘는 돈을 치르는 것을 이해하지 못하는 사람도 많았지만, 조에게는 하루에 몇 시간씩 일 년 이상 노력해야만 얻을 수 있는 성과를 단돈 500달러로 구매할 수 있는 좋은 기회였다.

터너의 이야기가 언론에 알려진 지 한 달이 채 되지 않아 이번에는 〈울티마 온라인〉 계정에 무려 2천 달러를 낸 사람이 등장했다.[2] 얼마 지나지 않아 세상에는 게임 캐릭터뿐만 아니라 가상 세계 속 성이나 배, 그 밖의 각종 재화를 판매하는 사람들로 들썩였다. 이 행위에는 드디어 정식 명칭이 붙었는데, 우리나라에서는 이것을 '아이템 현금 거래'라고 부르며 영어권에서는 '현금 거래Real Money Trading'라고 한다. 아이템 현금 거래가 등장한 초반에 이것은 게임에 푹 빠진 일부 마니아의 별난 행위로 치부되었다.

그러나 MMORPG의 인기가 치솟기 시작하면서 점점 많은 사람이 이 별난 거래에 동참하기 시작한다. 때마침 선풍적인 인기를 끌기 시작한 온라인 경매 사이트인 이베이는 아이템 현금 거래를 활성화하는 데 큰 역할을 했다. 당시 이베이의 매력에 푹 빠진 사람들은 귀신 붙은 물건, 유명 스타가 버린 휴지나 먹다 남긴 음식, 인기 만화 캐릭터를 닮은 치킨너깃 등 온갖

해괴한 물건을 경매에 올리곤 했다. 어쩌면 이베이가 만들어졌을 때 거래된 첫 물건이 창업자인 피에르 오미디아Pierre Omidyar가 판매한 '고장 난 레이저 포인터'였기 때문일지도 모르겠다. 그래서 이베이에서 가상 세계의 캐릭터나 재화를 판매하는 것은 전혀 어색하지 않은 행위였다. 게다가 이베이의 온라인 거래 체계는 사람들이 물리적인 제약 없이 편하면서도 안전하게 가상 세계 재화를 거래할 수 있게 만들어주었다.

결국 얼마 지나지 않아 이베이에는 가상 재화를 판매하는 수천 건의 게시글이 올라왔다. 예전에는 그저 즐기다 말면 그만이었던 게임 아이템을 이용해서 돈을 벌 수 있다는 사실은 점점 많은 사람을 매료시켰고, 어떤 이들은 이걸 새로운 기회라고 생각했다. 19세기 캘리포니아에서 벌어졌던 골드러시가 20세기 말 브리타니아에서도 일어났던 것이다. 현실 세계에서 데이브 터너는 불을 끄는 소방관이었지만 가상 세계에서는 아이템 현금 거래의 불을 지핀 방화범이었다.

아이템 현금 거래와 가상 재화에 관한 경제학적 논의들

최초의 거래가 이뤄진 지 20년이 넘었지만 아직도 아이템 현금 거래에 대한 사람들의 인식은 대체로 부정적이다. 어떤 이들은 게임 중독자의 비이성적인 행위라 생각했고, 거래에 직접 참여하는 사람들조차도 낯설어했다. 사람들 대부분은 게임이 순수한 재미를 즐기는 취미 활동이어야 한다고 생각했다. 이런 이들에게 아이템 현금 거래는 게임의 의도와 순수성을 해치는 부적절한 행위로 받아들여졌다. 그래서 초창기 아이템 현금 거래 활성화에 크게 이바지한 이베이는 2007년 가상 재화 경매를 금지했다.[3] 그러나 동시에 많은 연구자가 경제학적 관점에서 아이템 현금 거래의 동기와 역할에 관해 연구하기 시작했다.

2005년 박상우 교수와 허준석 박사가 《정보과학회지》에 발표한 〈MMORPG 현금거래 시장의 발생 동기와 경제적 기능〉은 왜 사람들이 아이템 현금 거래를 하는지, 이것이 게이머와 게임 회사에 어떤 경제적 영향을 주는지를 소개한 논문이다.[4] 이 논문에서 저자들은 아이템 현금 거래는 MMORPG의 내재적인 특성 때문에 자연스럽게 생겨난 사용자의 합리적인 대응이라고 진단했다. 그 이유는 다음과 같다.

우선 RPG가 사용자에게 주는 즐거움은 크게 두 가지로 정리할 수 있다. 자기 단련과 경쟁이 그것이다. 쉽게 말해 레벨을 올림으로써 자신의 캐릭터를 성장시키고 이를 통해 전에는 수행하지 못하던 임무를 해결하거나 다른 사용자의 캐릭터보다 강한 캐릭터가 됨으로써 즐거움을 느끼는 것이다. 그런데 레벨이 올라가는 과정은 연속적이 아니라 단속적이다. 다시 말해, 레벨을 올리려면 일정 시간 동안 경험치를 쌓는 활동이 필요하다. 대개 게임은 다양한 임무나 재미 요소를 배치해 사용자가 훈련 과정에서 재미를 느끼게 하려고 노력한다. 그런데 게임 회사의 의도가 실패하면 사용자는 이 과정을 건너뛰려는 욕구가 생긴다. 따라서 이런 경우 사람들은 속임수를 쓰거나 아이템 현금 거래를 통해 좀 더 쉽게 레벨을 올리려고 한다. 이것은 우리가 여행할 때 여행지에 가기 위한 교통수단에 돈을 내는 것과 비슷하다. 우리는 여가를 보내기 위해 여행하지만, 목적지에 도착하는 데 필요한 시간은 최대한 줄이기 위해 KTX나 비행기에 기꺼이 많은 돈을 내곤 한다.

더 나아가 MMORPG는 기존에 유행하던 '단독 수행 게임Single Play Game'과 차이점이 있다. 단독 수행 게임에서 게임 아이템이나 재화가 갖는 역할은 다음 단계를 수행하기 위한 도구일 뿐이다. 따라서 이런 재화나 아이템은 게임 수행을 위한 소비재 역할에 그친다. 반면, MMORPG는 가상 세계 안에 여러 사용자가 모여 상호작용을 하는 특징이 있다. 따라서 누군가의 재화 생산 행위가 또 다른 이의 소비 행위나 추가적인 생산 행위로 연결되는 등의 상호작용이 발생한다. 다시 말해 어떤 캐릭터가 가상 세계에서 하는 행위는 누군가에게 일종의 용역 활동이 될 수 있다는 것이다.

이를테면 상당수의 MMORPG에서는 캐릭터들이 아이템을 생산하거나 이런 아이템을 생산할 때 필요한 재료를 채집해 다른 제작자에게 전달하는 행위가 가능하다. 그래서 이렇게 누군가가 생산한 아이템을 다른 사람이 받아서 더 쓸모 있는 아이템을 제작하는 데 활용하고, 이렇게 만들어진 아이템을 또 다른 사람이 구매해 강력한 몬스터를 사냥하는 데 사용한다. 이런 경제활동은 편법을 쓰려는 욕구와 만나 자연스럽게 아이템 현금 거래 행위로 연결된다. 아마 나와 비슷한 연배의 사람 중에는 어린 시절 PC 게임을 할 때 좀 더 쉽게 즐기기 위해 데이터를 조작하는 편법을 한 번쯤 써본 이가 더러 있을 것이다. PC 게임에서의 편법 행위가 온라인 게임에서는 다른 이의 가상 재화를 구매하는 행위로 변형된 것이다.

한편, 판매자로서는 아이템 현금 거래가 그동안 자신이 투자한 비용 일부를 회수할 기회가 된다. MMORPG에서는 나의 게임 활동 결과물이 다른 이에게 매력적인 가치를 갖기 때문에 앞서 소개한 데이브 터너의 사례처럼 더는 게임을 하지 않는 사람들은 자신의 캐릭터 혹은 보유한 가상 재화를 다른 사람에게 판매할 수 있다. 따라서 이들로서는 아이템 현금 거래를 마다할 이유가 없다.

이렇듯 아이템 현금 거래는 구매자로서는 지루한 중간 과정을 건너뛰고 빠르고 쉽게 성장과 경쟁의 즐거움을 누릴 수 있고, 판매자로서는 그동안 게임에 투자했던 시간과 비용 일부를 회수할 기회를 준다는 점에서 매력적이다. 따라서 부정적인 인식과 사회적 논란을 불러일으켰는데도 빠르게 성장할 수 있었던 것이다.

더 나아가 논문에서는 아이템 현금 거래가 게임 회사에 미치는 경제적 효과에 관해서도 분석했다. 이들은 아이템 현금 거래가 사용자들에 의해 자발적으로 이뤄진 일종의 가격 분할 효과를 불러일으킨다고 생각했다. 즉, 아이템 현금 거래 구매자는 게임을 효율적으로 수행하기 위해 더 많은 게임 비용을 치르며, 판매자는 반대로 자신의 계정이나 아이템을 처분함으로써 이미 치른 게임 비용 중 일부를 회수하여 비용이 낮아지는 효과를 얻는다. 따라서 이를 통해 각자 자신이 수용할 만한 수준의 게임 비용을 치르기 때문에 자연스럽게 가격 차별화 정책이 적용되는 것이다. 저자는 이런 가격 차별 효과를 아래와 같은 수식으로 정리했다.

• 실질 게임 비용 = 명목상 게임 이용비 – 시간당 균형 임금 ×

(자신의 게임 실행 시간-아이템 현금 거래를 통해 구매한 타인의 노동 시간)

여기서 자신의 게임 실행 시간보다 아이템 현금 거래를 통해 구매한 타인의 노동 시간이 더 많다는 건 자신이 투자한 노동 시간에서 얻을 수 있는 가상 재화보다 많은 가상 재화를 얻었다는 의미이므로, 구매자가 원래 게임 회사에 내는 게임 이용비보다 더 큰 비용을 게임에 지출했음을 보여준다. 반대로 판매자는 자신이 실제 얻은 가상 재화의 일부를 다른 이에게 공급함으로써 실질적인 게임 비용이 줄어들었음을 의미한다.

그런데 일반적인 경제학 이론에 따르면 가격 분할 정책은 회사 이익을 극대화하는 효과가 있다. 비록 아이템 현금 거래의 소비자가 치르는 금액이 게임 회사에 직접 유입되지는 않지만 공급자의 게임 비용을 낮추는 효과가 있기 때문에, 원래 게임 회사에서 책정한 게임 이용비만큼은 낼 의사가 없던 사용자를 끌어들일 수 있다. 즉, 공급자에 해당하는 사용자의 일부는 아이템 현금 거래가 있었기 때문에 들어온 추가 유입자인 것이다. 이렇게 추가로 유입된 사용자는 월정액제로 운영되는 게임에서 게임 회사의 매출을 직접적으로 늘려준다. 더 나아가 MMORPG는 이른바 네트워크 효과로 인해 사용자의 수가 늘어날수록 사용자가 느끼는 효용이 늘어나므로 이렇게 추가 유입된 사용자는 게임 회사에 간접적으로 이익이 될 수 있다. 심지어 최근에 등장하는 게임들은 사용자 간에 아이템 현금 거래를 허용하는 대신 거래액이나 거래 건당 수수료를 책정하는 체제를 도입하기도 한다. 결국 아이템 현금 거래는 사용자뿐만 아니라 게임 회사에도 긍정적인 경제적 영향을 미치는 것이다.

그런데 여기에는 반론도 있다. 앞서 언급했듯이 아이템을 현금으로 구매하는 사용자가 점점 많아지고 가상 재화의 가치가 올라가면서 가상 재화 판매 자체를 목적으로 하는 사용자가 생겨난다. 현실 세계보다 더 쉽게 돈을 벌 수 있다면 게임 활동 자체를 생계 수단으로 삼는 것이 더 합리적인 판단이기 때문이다. 심지어 아예 가상 재화 생산 및 판매만 전문적으로 하는 캐릭터를 대규모로 육성해 관리하는 기업이 등장하기도 한다. 그런데 이러한 전문 공급자들은 가상 세계와 현실 세계 양쪽에서 여러 가지 부정적인 영향을 끼친다.

이를테면 에드워드 캐스트로노바는 2007년에 〈월드 오브 워크래프트에서 봇 활동이 미치는 영향Effects on botting on world of warcraft〉이라는 논문을 통해 아이템 현금 거래의 전문 공급자들이 〈WoW〉에 미치는 부정적인 효과를 분석했다.[5] 캐스트로노바는 2007년 당시 캐릭터 육성을 전문으로 하는 이른바 '글라이더 봇Glider bot'이 미치는 사회적 비용이 사용자 10만 명당 연간 180만 달러에 이른다고 추정했다. 더 나아가 아이템 현금 거래 전문 공급자들은 최대한의 효율을 위해 게임 안에서 다양한 편법을 일삼기 때문에 일시적으로는 사용자 수가 늘어나는 효과가 있더라도 장기적으로는 기존 사용자들의 불만을 샀다. 따라서 이론적으로 기대되는 네트워크 효과와 달리 오히려 게임의 매력을 떨어뜨리는 요인이 되어 게임 회사에 부정적인 영향을 미쳤던 것이다.

이를 종합해보면 아이템 현금 거래는 비록 경제적인 합리성에 근거해 시작되었지만 지나치게 성장하면서 결국 큰 사회적 비용을 불러왔다고 볼 수 있겠다. 더 나아가 아이템 현금 거래는 사기, 절도, 불법 해킹 등의 여러 가지 사회 문제를 일으키기도 했다. 아이템 현금 거래가 갖는 부정적인 문제에 관해서는 다음 장에서 좀 더 자세히 소개하겠다.

이렇게 아이템 현금 거래를 통해 가상 재화가 실질적인 가치를 가지면서 가상 재화를 현실 경제에서 어떻게 취급해야 할지에 관한 논의도 활발하게 이뤄졌다. 이를테면 〈리니지〉에는 '진명황의 집행검'이라는 아이템이 있는데 최소 수천만 원 이상의 가격으로 거래되는 것으로 유명하다. 그렇다면 집행검을 자동

차나 시계 같은 현물로 취급해야 할까? 또한 〈리니지〉에서 통용되는 화폐는 '아데나'라고 하는데, 이것 역시 아이템 현금 거래 시장에서 가장 많이 거래되는 가상 재화 중 하나다. 그렇다면 '아데나'를 '원'이나 '달러' 같은 화폐로 취급해야 할까? 심지어 〈리니지〉는 20년 이상 서비스되고 있는 가장 오래된 온라인 게임 중 하나이며, 여전히 아이템 현금 거래 규모가 상당히 클 뿐만 아니라 비교적 안정적인 시세를 형성하고 있다.

이를테면 2022년 초 아데나의 환율은 100만 아데나 기준으로 약 1,480원 정도인데, 최소 6개월 이상 이 시세를 유지하고 있다. 이렇듯 안정적인 시세를 형성하고 있고, 다른 화폐와 교환할 수 있으며, 가상 세계 안에서 다른 물건을 사거나 파는 용도로 활용되고 있다면 화폐로서 충분한 자격이 있다고 볼 수 있지 않을까?

물론 시간이 흐를수록 아데나의 시세는 조금씩 하락하고 있다. 내가 인터넷 검색을 통해 확인해본 바에 따르면 2015년에 아데나의 시세는 100만 아데나당 약 5천 원 선을 유지하고 있었다.[6] 2012년에는 18,000원 정도였다.[7] 내가 찾은 가장 오래된 시점인 2002년에 아데나의 환율은 10아데나당 1원(즉 100만 아데나당 10만 원) 정도라고 나와 있다.[8] 이를 통해 알 수 있듯이 아데나 시세는 단기적으로 안정적이지만 장기적으로는 계속 하락하고 있다. 또한 2000년대 초반 캐스트로노바는 전 세계 주요 MMORPG의 가상 재화 시세를 집계해 가중 평균을 구한 '가상세계재화지수Virtual World Currency Index, VWCI'라는 것을 만들어 정기적으로 자신의 홈페이지에 올려놓기도 했다.[9] 이에 따르면 VWCI 역시 계속 감소했다. 이를 통해서도 가상 재화의 가치가 계속 하락한다는 것을 알 수 있다.

그렇다고 이러한 시세 하락이 곧 가상 재화의 가치가 없음을 의미하지는 않는다. 사실 우리가 현재 사용하고 있는 화폐도 지속해서 가치가 하락하고 있다. 이를테면 통계청에서 운영하는 '소비자물가지수' 사이트에서 우리나라 화폐 가치가 시기별로 얼마나 하락했는지 직접 확인할 수 있다.[10] 이 사이트에 따르면 내가 태어난 1976년에 비해 이 글을 쓰는 시점인 2022년의 원화 가치는 약 10분의 1로 하락했다. 이렇게 시간이 흐를수록 화폐의 가치가 하락하는 이유는 인플레이션 때문이다. 극히 예외적인 경우를 제외하면 대부분의 세계 경제는 정도의 차이만 있을 뿐 인플레이션에 의해 화폐 가치가 계속 하락한다.

가상 세계도 마찬가지다. 가상 세계 속 캐릭터들은 계속해서 성장하고 재화를 생산하는 기술이 숙련되기 때문에 시간당 생산량이 늘어난다. 그래서 현실 세계처럼 인플레이션이 발

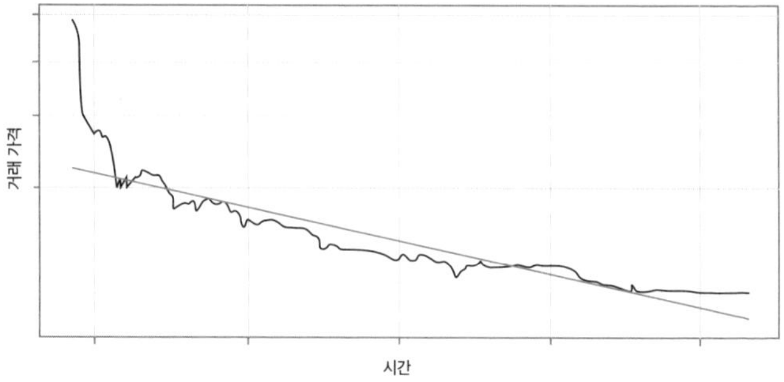

〈그림 12〉 모 게임 재화의 아이템 현금 거래 시세 변화 그래프 예시. 대부분의 가상 재화는 시간이 지남에 따라 가치가 하락한다.[11]

생하고, 이 때문에 화폐 가치가 하락한다. 더군다나 대부분의 MMORPG 속 가상 세계는 현실 세계보다 변화 속도가 빨라서 가치 하락 속도도 더 빠르고, 이 때문에 현실 화폐와의 교환 가치가 더 빨리 하락할 뿐이다. 따라서 재화의 가치가 단기적으로는 안정적이지만 장기적으로는 하락하는 현상을 보이는 것이야말로 오히려 가상 재화가 실제 화폐와 유사하다는 것을 보여주는 증거일 수 있겠다.

이를 비트코인 같은 블록체인 기반의 암호 화폐와 비교해보자. 암호 화폐가 처음 등장했던 당시 많은 사람이 중앙 정부가 제어하는 기존 화폐의 문제점을 해결할 수 있는 차세대 지불 수단이 될 수 있을 것이라 기대했다. 하지만 지금까지 암호 화폐는 단기적으로 가치 변동이 대단히 컸고 장기적으로는 상승하는 경향을 보였다. 이것은 기존 화폐가 보여준 것과는 정반대되는 특성이다. 이런 측면에서 암호 화폐는 화폐라기보다 오히려 주식이나 파생상품에 더 가까워 보인다. 이렇듯 (적어도 지금까지는) 불안정한 모습을 보이고 있는데도 암호 화폐를 '화폐'라 부를 수 있다면 가상 세계 화폐 역시 화폐로 인정하지 못할 이유는 없어 보인다. 그리고 실제 몇몇 경제학자는 암호 화폐가 존재하기도 전에 이미 유명 MMORPG를 대상으로 가상 통화 체계를 진지하게 연구해왔다.

야마구치 히로시山口浩는 2004년 SSRN에 발표한 〈온라인 게임의 가상 화폐 분석An analysis of Virtual Currencies in Online Games〉에서 가상 세계 화폐가 갖는 가치와 의미에 관한 여러 가지 흥미로운 주장을 펼쳤다.[12] 그는 다음과 같은 이유로 인해 가상 세계 화폐가 현실 화폐로서의 의미와 역할을 충분히 가지고 있다고 봤다. 첫째, 비록 가상 화폐는 가상 세계에서만 통용된다는 제약이 있지만 현실 세계에도 특정 국가나 집단에서만 통용되는 화폐가 있다. 둘째, 물리적인 실체가 없지만 현실 세계에도 브랜드나 정보처럼 실체는 없지만 가치를 인정받는 재화가 있다. 셋째, 가치를 보장해줄 중앙 조직이 없지만 화폐는 가치가 있다고 믿는 사람이 있느냐가 중요하지 중앙 조직의 여부는 필수 조건이 아니다.

그런데 저자는 가상 세계 화폐를 '지역통화제도Local Exchange Trading System, LETS'의 일종으로 봐야 한다고 생각했다. 지역 화폐는 일종의 품앗이를 현대적 관점에서 재해석한 제도다. 1983년 캐나다의 커먹스밸리Comox Valley라는 지역에서 지역 경제를 활성화하기 위해 도입한 것이 가장 대표적인 사례이며, 이를 시작으로 영국이나 우리나라 등 여러 지역으로 퍼져나간 제도다. 야마구치는 가상 화폐도 사용자가 화폐의 발행인이 된다는 점, 금리 개념이 없다는 점, 게임이 시작될 때 모두 똑같은 재화 상태에서 출발한다는 점 등이 지역 화폐의 특징과 유사하다고 보았다.

하지만 이런 저자의 가정에는 몇 가지 허점이 있었다. 우선 일반적인 지역통화제도와 달리 MMORPG는 캐릭터마다 재화 생산 능력의 차이가 매우 커서 극심한 빈부 격차가 발생할 수 있었다. 또한 MMORPG에서는 비록 제도적으로는 똑같은 재화 상태에서 출발하는 것처럼 보이지만 실질적으로는 모두가 공평한 조건에서 시작하는 것이 아니었다. 아이템을 현금으로 거래할 수 있으므로 현실 재화가 풍부한 사람은 가상 재화를 많이 사들인 상태에서 게임을 시작할 수 있기 때문이다. 마지막으로 (저자 스스로도 지적했듯이) MMORPG의 가상 화폐는 지역적인 제약이 없었다. 그래서 저자는 MMORPG의 가상 화폐가 일종의 글로벌 지역 화폐의 등장이라고 생각했다.

이미 비트코인 같은 암호 화폐가 보편화되고 여러 선진 금융 체제에서 인정받는 지금 상황에서는 이런 저자의 주장이 다소 진부하게 느껴질지도 모르겠다. 하지만 암호 화폐라는 것이 존재하지도 않았던 당시의 상황(암호 화폐가 처음 등장한 것은 2008년이다)을 고려한다면 충분히 진보적인 생각이었다. 특히 그는 가상 화폐의 등장에 대해 다음과 같은 흥미로운 주장을 펼쳤다. 우선 그는 만약 가상 화폐 가치를 (중앙 정부가 통제하는) 현실 화폐로 표시하면 역시 중앙 정부의 관리에서 벗어나기 힘들 것이라고 봤다. 따라서 가상 화폐가 본격적인 지역 화폐의 역할을 하려면 가상 세계 고유의 가치 단위로 명명될 필요가 있다고 생각했다. 이는 오늘날 암호 화폐가 중앙 기관의 통제를 벗어나기 위한 대안으로 만들어졌지만, 화폐로서의 신뢰성을 확보하고 보편화되기 위해서는 기존 금융 체제에 연동되어야 하는 딜레마를 가진 것과 비슷하다.

또한 그는 앞으로 가상 세계의 경제활동이 늘어날수록 이에 대한 경제지표를 만들고 이를 측정할 필요가 있다고 생각했다. 그 이유는 다음과 같다. 사람들은 제한된 자원 내에서 가상 세계와 현실 세계를 오가며 경제활동을 하므로 가상 세계의 활동이 늘어날수록 현실 세계의 경제활동은 위축될 수밖에 없다.

그런데 앞으로 가상 세계 활동이 점점 늘어날 테니 여기에서의 활동을 고려하지 않고 현실 경제 가치만 측정하면 시간이 갈수록 현실의 경제지표는 하락하는 것처럼 보일 것이다. 따라서 저자는 가상 세계에서의 효용 증가도 고려해야 하며, 이를 위해 가상 세계의 경제활동 역시 경제지표에 포함해야 한다고 주장했다. 이는 오늘날 암호 화폐가 활성화되면서 이에 대한 실질 가치를 인정하고 주류 경제에 포함하는 현 상황을 생각해볼 때 역시 상당히 앞선 생각이었다.

마지막으로 그는 현실 경제체제를 설계할 때 MMORPG의 설계 요소를 참고할 필요가 있다고도 주장했다. 가상 세계에서의 경제활동은 재미를 기반으로 한다는 점이 특징이다. 다시 말해 게임 회사에서는 사용자들이 가상 세계에서 경제활동을 할 때 재미를 느낄 수 있도록 임무나 직업을 설계한다. 이것이 가상 세계의 경제활동을 활성화하는 주요 요인이 된다. 그렇다면 현실 경제에서도 이러한 요소를 반영하지 말라는 법은 없지 않으냐는 것이 저자의 생각이었다. 이러한 저자의 생각은 게이미피케이션gamification이나 넛지nudge 같은 사회경제학계의 연구를 떠올리게 한다.

한편, 가상 화폐가 갖는 글로벌적인 특징은 가상 경제가 특정 지역을 넘어 국제 경제에 영향을 미칠 수 있다는 점을 의미한다. 다시 말해 우리나라에 있는 게임 사용자가 가상 세계에서 수행하는 경제활동은 미국에 있는 다른 사용자의 경제활동에 영향을 줄 것이고, 이것은 곧 미국의 경제지표에도 영향을 줄 수 있다는 뜻이다. 그렇다면 실제 가상 세계 경제는 국제 경제에 어떤 영향을 줄 수 있을까?

아이템 현금 거래가 경제 발전에 이바지하다

맨체스터 대학의 정보통신 분야 교수로 재직 중인 리처드 힉스Richard Heeks는 2008년에 〈'골드 파밍'의 경향 분석 및 향후 연구 의제: 온라인 게임의 가상 경제를 위한 개발도상국의 실제 생산Current Analysis and Future Research Agenda on "Gold Farming": Real-World Production in Developing Countries for the Virtual Economies of Online Games〉이라는 논문을 발표했다.[13] 참고로 논문 제목에 나와 있는 '골드 파밍Gold Farming'이란 가상 세계 재화를 전문적으로 생산하는 활동을 의미하는데 우리나라에서는 보통 '작업장'이라고 부른다. 힉스의 이력은 다소 특이한데, 프로그래머로 일하던 중 케임브리지 대학에서 자연과학 학사와 석사학위를 취득한 후 나이지리아의 한 시골 학교에서 과학 교사로 근무했다. 이후 다시 대학으로 돌아와 정보시스템과 소프트웨어 산업에 관한 연구로 학위를 취득한 후 1991년부터 현재까지 맨체스터 대학에서 정보통신 분야 교수로 재직 중이다. 이렇게 게임이나 경제학과는 직접적인 관련이 없는 분야에서 활동하고 있지만 이 논문에서 그는 아이템 현금 거래와 관련해 경제학과 관련된 다양한 쟁점을 정리했다.

특히 그가 아이템 현금 거래에서 눈여겨본 것은 공급자와 수요자가 현실 세계에서 서로 다른 경제적 위치에 속해 있다는 점이었다. 아이템 현금 거래는 좋은 아이템을 얻기 위해 긴 시간을 투자하기보다는 기꺼이 현금을 낼 뜻이 있는 사람과 반대로 긴 시간을 투자해 얻은 아이템을 기꺼이 현금을 받고 팔 뜻이 있는 사람 간의 거래다. 즉, 판매자와 구매자가 느끼는 시간에 대한 효용 가치가 서로 달라서 생겨난 현상이다. 따라서 대개 판매자는 시간당 노동 가치가 낮은 저소득층 사람이지만, 구매자는 고소득층 사람이다. 이것을 국가 간 경제로 확대하면 개발도상국 사람이 주로 판매를 담당하고 선진국 사람이 소비하는 셈이다. 결국 아이템 현금 거래는 가상 세계와 현실 세계 간의 재화 교환 활동인 동시에 현실 세계 국가 간 무역 활동의 일종으로도 볼 수 있다는 것이 힉스의 생각이었다.

더 나아가 일반적인 무역과 달리 아이템 현금 거래는 물리적인 제약이 없다는 특징이 있다. 대개 개발도상국과 선진국 사이의 무역은 자원이나 노동력의 물리적인 이동을 필요로 한다. 반면, 아이템 현금 거래는 가상 세계에서 재화가 이동하기 때문에 물리적으로 이동할 필요가 없다. 게다가 이베이 같은 온라인 중개 사이트를 이용하면 현실 세계 재화의 이동 역시 온라인을 통해 이뤄진다. 즉, 물류비용이 0에 가깝다.

생산을 위한 시설 구축 비용도 다른 산업보다 상대적으로 저렴하다. 아이템 생산을 위해 필요한 비용은 고작 수십 혹은 수백 대의 PC와 게임을 24시간 돌리기 위한 크지 않은 공간, 다른 산업과 비교하면 미미한 수준의 전기료 정도였다. 힉스는 골드 파밍을 전문적으로 수행하는 조직의 매출, 비용, 이익 및 노동자 임금 규모 등을 구체적으로 계산했다. 논문에 제시된 2000년대 후반 중국에서 활동하는 골드 파밍 회사의 월간 비용 및 수익은 〈표 2〉와 같다.

〈표 2〉에 따르면 가상 재화를 전문적으로 생산하는 골드 파밍 업체의 영업 이익률은 무려 70%가 넘으며, 연간 수익은 약 1억 원에 달한다. 이 수치는 과장된 것이 아니었다. 실제 우리나라에서도 세무 당국의 조사에 의해 적발된 작업장 사례를 보면 한 달에 수억 원 이상의 수익을 올린 것으로 알려져 있다.[14]

이렇듯 높은 수익성 대비 낮은 초기 자본과 운영비로 인해

지출 항목	비용	수익 항목	수익
노동자 급여	1,205	골드 판매	10,200
식비	360		
사무실 임대	360		
서버 임대	300		
관리자 급여	180		
게임 구독료	150		
인터넷 비	145		
전기료	90		
총계	2,790	총계	10,200
이익	7,410		

〈표 2〉 골드 파밍 조직의 비용/수익 분석표(단위: USD)[15]

개발도상국으로서는 골드 파밍이 꽤 괜찮은 재화 획득 수단이 되었다. 그래서 아시아를 중심으로 여러 개발도상국에서 골드 파밍 활동이 활발하게 이뤄졌다. 2000년대 초반에 골드 파밍은 중국에서 가장 활발했으나 중국의 경제 규모가 커지고 공산당 정부의 규제가 강화되면서 이런 활동은 동남아 국가들로 옮겨갔다. 특히 베트남에서는 국제경제특구를 지정해 전기세나 사무실 임대 비용을 대폭 줄여주는 정책을 폈는데, 이 때문에 한때 베트남에서의 골드 파밍 활동이 크게 늘었다. 이런 이유로 인해 힉스는 아이템 현금 거래가 개발도상국과 선진국 간 부의 재분배에 긍정적인 역할을 할 수 있다고 주장했다.

더 나아가 힉스는 골드 파밍이 개발도상국의 교육 수준과 기술력을 높이는 데 필요한 IT 기반 시설을 구축하고 확산시키는 데 이바지할 수 있다고 주장했다. 힉스의 논문이 발표된 2000년대 말에는 저개발국가나 개발도상국에 IT 기반 시설을 구축해 이들의 발전을 돕자는 움직임이 진행되고 있었다. 가장 대표적인 것이 MIT 미디어랩 창립자인 니컬러스 네그로폰테 Nicholas Negroponte 교수가 진행한 '100달러짜리 노트북' 보급 운동이었다. 당시 네그로폰테는 일반적인 노트북 가격의 1/10에 불과한 노트북을 개발해 저개발국가의 아이들 교육용으로 보급하겠다는 계획을 세웠다. 이를 통해 아이들의 부족한 교육 여건을 개선해 향후 저개발국가의 발전에 이바지하겠다는 원대한 포부였다.

하지만 이 운동은 (지금도 현재진행형이긴 하나) 사실상 실패했다는 것이 중론이다. 실패 원인에 관한 여러 가지 해석이 있지만, 그중 대표적인 것이 비용 문제였다. 노트북의 가격은 애초 100달러 미만이 되도록 하는 것이 목표였으나 개발 과정에서 현실적이지 못한 수준이라는 사실이 드러났다. 그래서 노트북 개발에 5년 가까이 걸렸으며, 최종적으로 책정된 제품의 가격 역시 목표보다 두 배 가까이 되었다. 이런 문제로 인해 총 보급 대수도 원래 목표인 1억 5천만 대에 훨씬 미치지 못하는 200만

대 정도에 그치고 만다.

그런데 골드 파밍을 활용하면 이런 IT 기기와 정보통신 기반 시설을 직접적인 소득원으로 활용할 수 있을 것이었다. 즉, 힉스는 아이템 현금 거래가 저개발국가 스스로 IT 기반 시설을 구축하는 데 기꺼이 비용을 투자하는 인센티브 역할을 할 수 있다고 생각했다. 더 나아가 골드 파밍은 노동집약적인 산업이기 때문에 인건비가 낮은 빈곤층의 고용을 창출하는 동시에, 이들이 IT 기반 시설을 좀 더 쉽게 접할 수 있어 향후 더 나은 소득을 기대할 수 있는 기술직으로 발전하는 계기가 될 수 있다고 주장했다.

물론 이런 생각에는 다소 비약이 있었다. 힉스 스스로도 인정했듯이 이렇게 국가의 경제 및 사회 기반 시설에 영향을 미치기에는 아이템 현금 거래의 규모가 충분히 크지 못했기 때문이다. 힉스의 논문이 발표되었던 시점인 2000년대 말 당시 몇몇 연구를 통해 추정된 전 세계 아이템 현금 거래 규모는 최대치가 대략 3조 원 정도였다. 비록 적은 금액은 아니지만 한 국가의 기반 시설에 영향을 줄 만큼은 아니었다. 교육 및 고용 창출과 관련해서도 현실과는 다소 차이가 있었다. 실제로 골드 파밍 업체 대부분은 시간이 흐르고 규모가 커질수록 노동력을 확충하기보다는 이른바 '매크로'라고 부르는 자동 사냥 프로그

램을 이용하는 방향으로 발전했다. 현실은 좀 더 디스토피아적이었다. 비록 이런 한계점은 있었지만, 골드 파밍과 관련해서 고려해야 할 다양한 사회적·경제적 쟁점을 다뤘다는 점에서 힉스의 논문은 충분히 가치 있는 연구라 생각한다.

한편, 아이템 현금 거래가 국가 경제 발전에 미치는 효과는 다른 형태로 발전 및 변형되어 이뤄지고 있다. 대표적인 것이 암호 화폐 채굴이다. 과거 아이템 현금 거래 시장에서 공급자 역할을 했던 저개발국가나 개발도상국은 이제 암호 화폐 시장에서 채굴자 역할을 하고 있다. 구체적인 규모가 확인되지는 않았지만, 기존에 온라인 게임에서 활동하던 작업장의 상당수가 암호 화폐 채굴로 업종을 바꿨다고 알려져 있다. 생산 대상만 달라졌을 뿐 가상 재화의 공급자와 소비자가 국가 차원에서 역할이 나뉘고 둘 간에 무역이 이뤄진다는 점은 비슷하다. 심지어 2020년대에 들어서 등장한 메타버스나 대체 불가 토큰Non-Fungible Token(이하 NFT)을 기반으로 한 플레이 투 언Play to Earn(이하 P2E)은 실상 기존에 있었던 MMORPG나 아이템 현금 거래에서 용어만 달라졌을 뿐 본질적으로 큰 차이가 없다.

따라서 이와 같은 산업이 발전한다면 MMORPG의 인기가 하락하면서 다소 주춤해진 아이템 현금 거래 시장도 다시 활성화될 가능성이 크다. 실제로 최근 들어 아이템 현금 거래 시장은 다시 조금씩 성장하고 있다. 최근 자료에 따르면 이제 전 세계 아이템 현금 거래 규모는 약 50조 원에 달한다고 한다. 그리고 이 시장의 핵심 공급자는 여전히 개발도상국일 가능성이 크다. 만약 이렇게 가상 세계의 경제활동이 국가 경제 발전에 미치는 영향이 크다면 우리는 이제 가상 세계의 노동이 거시경제에 미치는 영향과 효과에 관해 진지하게 논의할 필요가 있다. 심지어 가상 경제가 본격화한다면 가상 세계에서 수행하는 노동 역시 현실 세계에서의 노동과 똑같은 관점에서 바라볼 필요가 있을 것이다.

가상 재화 생산 노동자를 연구하다

2011년 5월 영국의 유력 언론 《가디언The Guardian》에 흥미로운 기사가 실렸다.[16] 이 기사에 따르면, 중국 정부가 교도소에 있는 재소자들에게 골드 파밍을 통한 돈벌이를 강요하고 있다는 것이었다. 기사는 감옥에서 실제 골드 파밍 노역을 했던 사람의 제보를 바탕으로 쓰였는데, 어떤 교도소에서는 약 300명의 재소자가 하루 12시간씩 교대로 〈WoW〉에서 강제로 노역했다고 한다. 재소자는 이 강제 노역으로 하루에 약 500파운드(원화로 약 100만 원)의 돈을 벌었다. 제소자들에게는 하루 할당량이 주어졌는데, 목표를 채우지 못하면 체벌이 가해지기도 했다. 심지어 낮에는 육체 노역에 동원되고, 일과가 끝난 밤에는 게임에 접속해 밤새도록 게임을 하는 재소자도 있었다고 한다.

그동안 소개한 여러 연구를 토대로 생각해보면, 가상 재화에 실질적인 가치를 부여하는 것은 충분히 합리적이며 가상 세계의 경제활동도 현실 세계의 경제활동 못지않게 정당한 활동이라 할 수 있다. 그런데도 아직까지 아이템 현금 거래는 그리 떳떳하지 못한 활동으로 인식되고 있을 뿐만 아니라, 노동으로 인정받지 못하고 있다. 이미 게임 아이템을 돈 주고 구매하는 것이 일상화되었고, 심지어 'P2E'라는 개념이 생겨난 지 어느 정도 시간이 지났지만 이런 인식은 그리 나아지지 않았다. 그러니 《가디언》의 기사가 실린 2011년에는 부정적 인식이 더 심했을 것이라 충분히 짐작할 수 있다.

이런 부정적 인식이 갖는 가장 큰 문제는 가상 재화를 생산하고 거래하는 활동의 상당 부분을 음지에 남겨둔다는 점이다. 가상 세계의 경제활동은 아직도 뚜렷한 법적 제도를 갖추지 못하고 있다. 따라서 가상 세계 노동자 역시 권리나 노동 환경에 대한 법적 보호나 감찰이 이뤄질 리 만무하다. 《가디언》의 기사는 다소 극단적인 예이긴 하지만 앞서 소개했듯이 골드 파밍의 상당수가 저개발국가나 개발도상국에서 이뤄지는 만큼 이런 활동을 수행하는 노동자의 작업 환경이 그리 좋지 못할 것임은 충분히 짐작할 수 있겠다. 가상 세계의 경제활동이 점차 중요해져 현실 경제의 일부로 받아들여야 한다면, 우리는 가상 세계에서의 노동의 의미와 노동자의 권리에 관해서도 한번 생각해봐야 하지 않을까?

리위하오Lee Yu-Hao의 〈게임은 나의 직업: 인터넷 애호가 게임 종사자의 정체성 작업Gaming is my work: identity work in internet-hobbyist game workers〉은 바로 이렇게 온라인 게임을 통해 돈을 버는 노동자들의 근무 환경과 심리 문제에 관한 쟁점을 제기한 논문이다.[17] 저자는 아이템 현금 거래가 21세기에 등장한 새로운 형태의 자영업이라고 봤다. 그리고 이들의 경제 행위가 갖는 주요 특징으로 익명성과 취미와 직업의 경계가 모호하다는 점을 꼽았다. 겉으로 보기에 이들은 기존 ICT 산업 노동자와 비슷하다. 하지만 아이템 현금 거래 노동자들은 반복적이고 노동집약적인 노동 행태를 갖는다는 점과 명확한 직업 정체성이나 체계적인 노동 환경을 갖추지 못한 점에서 차이를 보이며, 사회적으로도 부정적인 인식이 있어서 노동 착취나 불법 활동, 범죄 행위가 발생할 위험이 크다는 문제가 있다고 생각했다.

이런 부정적인 면에도 불구하고 아이템 현금 거래는 경제적으로 볼 때 명확한 가치를 창출하고 있으며, 시장이 성장하면서 게임 회사도 이런 아이템 현금 거래 시장을 주류 체계에 흡수하기 위해 변화하고 있음을 볼 때, 이것을 계속 음성적인 형태로 유지하는 것은 바람직하지 못하다고 생각했다. 더 나아가 앞서 힉스의 연구에서도 언급했듯이 아이템 현금 거래는 개발도상국과 선진국 사이에 뚜렷한 무역 형태를 띠고 있기도 했다. 심지어 저자가 논문에서 언급한 또 다른 연구에 따르면 2006년 당시 아이템 현금 거래 시장의 전문 공급자로 활동하던 노동자들은 월평균 약 4천 달러의 수입을 얻었는데, 이는 당시 대개의 언론인 월 급여보다도 높은 수준이었다.

이렇듯 가상 재화 생산자의 경제적 가치는 의심할 여지가 없는 상황인데도 아이템 현금 거래 노동자에 대한 인식이 부정적인 이유로 저자는 크게 세 가지를 꼽으며 각각의 이유에 대해 반박했다. 첫째, 놀이와 노동 사이의 모호성으로 인해 이를 노동 활동으로 삼는 것은 열등하거나 위험하다고 낙인찍는 것이다. 하지만 해커나 프로게이머 역시 이와 비슷하지만 전문성을 인정받고 있다는 점을 예시로 들며 반박했다. 둘째, 아이템 현금 거래 자체가 불법 활동이라는 인식이다. 그러나 앞서 언급했듯이 게임 회사조차도 점차 아이템 현금 거래를 인정하고 주류에 편입하고 있으므로 이 역시 시대 흐름에 맞지 않으며, 아이템 현금 거래 공급자는 다른 게임 사용자를 위한 서비스를 제공하는 가려진 노동자 역할을 하는 것으로 봐야 한다고 반박했다. 마지막으로 대중이 어떤 직업을 부정적으로 인식하는 것은 이른바 '상식'이나 도덕적 규범에 어긋나기 때문으로, 아이템 현금 거래는 그저 기존에 확립된 분류 규범에 도전하기 때문에 낙인찍힌 것이라고 주장했다. 따라서 이와 같은 인식은 사회가 발전하고 아이템 현금 거래 시장이 주류에 편입되면 해소될 수 있는 문제일 뿐, 근본적으로 아이템 현금 거래에 문제가 있는 것은 아니라고 진단했다.

따라서 리위하오는 아이템 현금 거래 시장의 노동자가 뒤집어쓴 오명과 이로 인한 노동자의 낮은 자존감 문제를 해결하기 위해 '정체성 작업Identity work'을 제안하고, 이를 위해 실제 아이템 현금 거래 노동자로 활동하는 16명(이들 중 8명은 전문 판매자, 3명은 개인 판매자, 5명은 작업장을 운영하거나 해당 업체에서 일한 근무자)을 인터뷰했다. 또한 소수의 제한된 사람들을 인터뷰함으로 인한 편향을 해소하기 위해 타이완에 있는 두 개의 큰 게임 관련 인터넷 커뮤니티에서 있었던 아이템 현금 거래에 관한 커뮤니티 회원들 간의 토론 데이터도 연구에 활용했다.

우선 저자는 커뮤니티의 의견 수렴과 인터뷰를 통해 사람들은 사회적 가치 측면에서 일과 놀이, 현실과 가상에 대해 각각

전자를 후자보다 높게 보는 명확한 선호 관계가 있어서 가상에서의 놀이에 대한 사회적 가치를 매우 낮게 보는 측면이 있음을 발견했다. 따라서 이렇게 낮은 사회적 가치를 가진 활동을 생계 수단으로 삼기 때문에 아이템 현금 거래 노동자에 대한 부정적인 인식이 발생한다고 진단했다.

한편 저자는 인터넷 커뮤니티에서 진행된 토론에서 한 가지 특이한 점을 발견했는데, 아이템 현금 거래의 비판자와 옹호자 둘 다 주장의 근거로 현실과 가상 생활을 잘 제어하고 있음을 강조한 점이다. 이를테면 비판자들은 아이템 현금 거래 행위를 게임을 놀이로 받아들이지 못하고 현실과 가상을 구분하지 못하는 중독 현상이라고 보았다. 하지만 옹호자들은 그런 생각이야말로 놀이와 실생활을 구분하지 못하는 것이라고 주장했다. 다시 말해, 게임에서 필요한 아이템을 반드시 사용자가 직접 게임을 통해 구해야 한다는 생각 자체가 모든 것을 게임으로만 바라보는 생각이며, 옹호자들은 현실에서 모은 돈으로 게임을 즐기는 것이 더 바람직한 행위라고 간주한다는 것이다.

또한 아이템 현금 거래 노동자 중 어떤 이들은 본인이 현실에 본업이 있는 상태에서 부수입을 올리고 있으며, 이는 게임을 통해 얻은 경험과 기술을 활용해 추가 수입을 얻는 것이기 때문에 현실과 가상 생활의 균형을 더 잘 유지하고 있음을 의미한다고 주장했다. 이렇듯 아이템 현금 거래 노동자 중 일부는 자신들의 가치를 입증하기 위해 사회적 규범에 도전하는 대신, 기존 사회의 가치관에 편승하는 경향이 있었다. 좀 더 전문적으로(즉, 본업으로) 아이템 현금 거래 노동을 하는 사람들은 자신들의 일이 세계적인 추세이고 (지금은 인정받지 못하지만) 앞으로 발전할 수 있는 새로운 직업이며 자신들은 이러한 새로운 산업의 개척자라는 점을 내세우기도 했다. 심지어 어떤 이는 아이템 현금 거래 노동은 (노동자의 익명성 때문에) 성차별이 없어서 여성 노동자 권리 향상에 도움이 된다고 주장했다. 실제 저자의 조사에 따르면 아이템 현금 거래 노동자 중에는 여성의 비율이 높았다고 한다.

저자는 여러 아이템 현금 거래 노동자의 작업 현장에 직접 찾아가서 인터뷰함으로써 노동 환경 문제도 조사했는데, 노동자의 대다수는 자기 집에서 재택근무 형태로 일하고 있었다. 이 때문에 개인의 삶과 일 사이에 시간적·공간적 충돌이 일어나는 문제가 가장 크다고 봤다. 이들은 스스로 다른 이들이 꺼리는 일을 하는, 일종의 '더러운 노동'을 해주는 서비스 제공자라고 인식하고 있었다. 비록 사회적으로 인정받지는 못하지만 누군가는 해야만 하는 일을 한다는 일종의 자부심이 있기도 했다. 몇몇 사람은 자기 일에 대한 전문성을 강조했는데, 이를테면 한 아이템 현금 거래 노동자는 업무용 게임과 취미용 게임을 명확히 구분해서 일과시간에는 업무용 게임에 집중하고, 업무가 끝나면 취미용 게임을 즐긴다고 설명했다. 이를 통해 그는 취미와 일을 의도적으로 분리하려고 노력했다. 또한 의식적으로 사회규범에 맞는 노동 시간을 준수하려고 노력하기도 했다. 한편, 이들 중 상당수는 자신의 업무를 가상 재화 '판매'가 아니라 가상 재화 공급 '서비스'를 제공하는 행위라고 소개했다. 저자는 그 이유로 이들 역시 가상 재화를 거래하는 행위 자체에 대한 부정적인 인식을 무의식적으로 갖고 있기 때문이라고 추정했다.

저자는 논문의 결론에서 아이템 현금 거래 노동자가 다른 여타 노동에 비해 높은 자율성과 직무 통제력을 갖고 있는데도 사회적 규범 및 인식 문제로 인해 낮은 직무 만족도에 시달리고 있다고 봤다. 정리하자면, 이 연구는 비록 적은 수의 아이템 현금 거래 노동자에 관해서만 조사했다는 한계가 있지만, 가상 경제활동을 노동으로 인정하고 이들이 처한 노동 환경 및 노동 인식과 관련된 문제에 대해 실증 연구를 진행했다는 점에서 의의가 있다.

메타버스 같은 가상 세계 서비스가 사회 전체에 퍼질수록 가상 경제활동 역시 규모가 커질 것이고, 이는 가상 세계 노동도 활발해진다는 의미다. 그렇다면 가상 세계 노동과 관련된 다양한 사회 갈등이 불거질 가능성도 있다. 따라서 우리는 이제 가상 세계 노동자가 겪을 노동 문제나 노동 환경과 관련된 문제에 관심을 기울일 필요가 있겠다. 어쩌면 머지않은 미래에 아제로스 노동조합, 민주노총 아덴 대륙 지부, 엘리시움 노동 인권위원회 같은 것이 생기지 말란 법도 없을 것이다.[18]

아이템 거래가 창조한 새로운 산업

온라인 게임을 즐기는 사람 중에 '아이템베이'라는 사이트를 모르는 사람은 드물 것이다. 아이템베이는 2001년에 세계 최초로 우리나라에서 만들어진 아이템 현금 거래 중개 사이트다.[19] 이 사이트를 만든 이는 김치현 회장으로, 그는 프로그래머로 활동하던 중 이베이에서 사람들이 게임 계정이나 아이템을 사고파는 것을 보고는 아예 아이템 거래만 전문으로 하는 사이트를 만들어보자는 생각으로 사업을 시작했다. 그의 판단은 적중했고 2000년대 MMORPG의 폭발적인 인기에 힘입어 약 10년간 연평균 20% 이상의 성장률을 기록하며 규모를 키웠다. 아이템베이는 이후 또 다른 아이템 현금 거래 중개 사이트인 아이템매니아와 합병함으로써 전체 거래 규모가 1조 원이 넘는(이것은 2011년 당시 온라인 소셜 커머스 전체 시장과 맞먹는 규모였다) 국내 아이템 현금 거래 시장의 90% 이상을 차지하는 중견 기업이 된다. 이런 성과와 더불어 성장 가능성을 인정받은 아이템베이는 코스닥에 상장되었으며, 심지어 골드만삭스의 투자를 받기도 했다. 비록 지금은 이런저런 인수 합병 과정을 통해 기업의 규모가 줄어들었고 코스닥에서도 퇴출당했지만, 아이템베이는 아이템 현금 거래 시장이 성장하면 하나의 산업으로 발전할 수 있음을 보여준 대표적인 사례다.

2021년은 메타버스의 해라고 부를 수 있을 정도로 메타버스 관련 플랫폼이나 콘텐츠가 많이 생겨났고 사람들의 관심을 끌었다. 심지어 페이스북은 회사명을 '메타'로 변경하며 메타버스 플랫폼에 집중하겠다고 발표했다. 이와 함께 메타버스 속 가상 세계의 건물이나 땅에 대한 투자가 큰 폭으로 늘어나기도 했다. 호주의 개발자 셰인 아이작Shane Isaac이 만든 어스 2Earth 2라는 메타버스 서비스는 실제 지구의 지형을 그대로 본뜬 가상 세계를 만든 후 가상 세계 부동산을 판매했는데, 수많은 사람이 투기에 가까운 행태를 보여 주목받았다. 이러한 경향은 점차 심화해 2021년 11월에는 디센트럴랜드Decentraland라는 서비스에서 제공한 가상 세계 부동산이 무려 29억 원에 판매되었다.[20] 심지어 우리나라에서도 '세컨 서울'이라는 가상부동산 플랫폼 서비스에서 가상 세계 속 서울 땅을 분양하기로 했는데 10만 명이 넘는 사람들이 신청했다고 한다.[21]

실체도 없고 실제 거주할 수도 없는 가상 세계 속 부동산에 몇 십억 원을 주고 구매하는 사람들이 있다는 게 낯설고 비이성적이라고 느끼는 사람도 있을 것이다. 하지만 이 장을 통해 알 수 있듯이 이렇게 디지털 자산을 현금을 주고 구매하거나 판매하는 행위를 게임에서는 이미 오래전부터 하고 있었다. 사실상 현재 시점에서 메타버스 속 디지털 재화에 수많은 사람이 거리낌 없이 돈을 지불하고 심지어 재테크의 기회로 삼는 이유는 온라인 게임을 통해 가상 재화가 현실 재화와 유사한 가치를 갖는다는 개념에 친숙해 있기 때문일 것이다.

더 나아가 NFT라는 블록체인 기술로 인해 아이템 현금 거래는 새로운 변화를 맞이하게 될 것이라 이야기하는 사람도 있다. 디지털 데이터가 갖는 특징 중 하나는 원본과 완벽하게 똑같은 데이터를 원본 훼손 없이 쉽게 복제할 수 있다는 점이다. 그런데 NFT는 디지털 자료에 원본을 보장하는 특별한 인식표를 심을 수 있는 기술이다. 이 때문에 디지털 자료도 이제 원본과 복제품을 구분할 수 있다. 그런데 사실 온라인 게임에서는 이미 가상 재화가 무분별하게 복제되거나 훼손되지 않도록 갖가지 보안 기술을 적용함으로써 가상 재화의 원본성을 보장하고 있다. 그래서 아이템 현금 거래가 가능한 것이다. 따라서 어떤 이들은 NFT를 게임에 적용하면 이제 게임으로 돈을 벌 수 있다며 P2E라는 개념을 내세우지만, 사실상 P2E는 이미 20년도 더 전에 텍사스주의 조그만 마을에 살던 한 소방관도 체득한 전혀 새로울 게 없는 개념이다.

이렇듯 메타버스가 MMORPG와 크게 다르지 않듯이 NFT를 이용한 P2E 역시 탈중앙화 기술을 살짝 추가한 후 새로운 용어로 포장한 아이템 현금 거래일 뿐이다. 이것은 사이버펑크의 거장인 윌리엄 깁슨William Gibson이 했던 "미래는 이미 와 있다. 단지 충분히 퍼져 있지 않을 뿐"이라는 말을 상기시킨다. 메타버스도 P2E도 사실 이미 있었고, 단지 충분히 대중화되지 않았을 뿐이다.

따라서 향후 메타버스나 P2E가 본격적으로 대중화되었을 때 생길 수 있는 문제가 무엇일지는 기존에 온라인 게임에서 발생했던 문제들을 토대로 예상할 수 있을 것이다. 실제 지난 20여 년간 온라인 게임 속 가상 세계에서는 여러 가지 사회 문제나 불법 활동이 발생했고, 이에 대해 이미 다양한 분야의 전문가들이 여러 가지를 논의해오고 있다. 특히 이번 장에서 소개한 아이템 현금 거래는 가상 세계와 관련된 사회 문제의 주요 동기가 되었다. 돈이 몰리는 곳에는 범죄가 따르는 법이다. 그렇다면 가상 재화가 몰리는 가상 세계에서는 실제 어떤 범죄가 이뤄지는지, 더 나아가 가상 세계가 좀 더 대중화되었을 때 예상되는 사회적 쟁점에는 무엇이 있는지 다음 장에서 확인해보자.

5장

가상 범죄
범죄의 도구가 된 게임

돈이 모이는 곳에 범죄가 있다

2018년에 개봉한 영화 〈레디 플레이어 원Ready Player One〉은 동명의 소설을 스티븐 스필버그 감독이 영화로 만들어 전 세계적으로 큰 흥행을 거뒀다. 나 역시 재미있게 본 영화인데, 특히 영화 전체에 1980~1990년대 음악, 영화, 게임, 애니메이션 등 대중문화사에서 큰 인기를 누렸던 다양한 작품에 대한 패러디 및 오마주가 담겨 있기에 이런 것들을 발견하고 즐기는 재미가 쏠쏠했다.

영화는 2045년을 시대적 배경으로 하고 있는데, '오아시스OASIS'라는 VR 기반의 온라인 게임에 숨겨진 세 가지 과제를 풀어나가는 것이 중심 내용이다. 영화에서 악당으로 등장하는 인물은 'I.O.I.Innovative Online Industries'라는 회사의 사장 놀런 소렌토다. 이 회사는 오아시스 게임을 하는 데 도움을 주는 각종 주변기기를 판매하는 동시에 수천 명이 넘는 직원을 고용해 오아시스에서 가상 재화를 획득해 판매하기도 한다. 즉, 4장에서 언급한 골드 파밍을 전문으로 하는 기업이다. 영화 내내 이 기업은 엄청난 자본력을 토대로 가상 세계를 지배하는 동시에 현실에서 여러 가지 악행을 저지르는데, 게임을 하다가 신용불량자가 된 빈민가 사람들을 납치하다시피 회사에 데려와 강제로 가상 세계에서 노역하게 한다거나 심지어 자신들의 게임 수행에 방해가 되는 주인공을 살해하려 들기도 한다.

이들이 이렇게까지 거대한 자본을 갖고 서슴없이 불법을 자행하는 이유는 게임이 큰돈이 되기 때문이다. 영화의 특성상 과장된 부분이 많지만, 앞 장에서 살펴본 것처럼 MMORPG에는 실제 I.O.I. 같은 기업형 사용자들이 '작업장'이라는 이름으로 불리며 존재한다. 이들은 일반적인 사용자와 달리 가상 세계 재화를 통해 이익을 얻는 것만 목적으로 하며, 대개 수백 개 이상의 캐릭터를 생성해 조직적이고 체계적으로 가상 재화를 직접 생산하거나 중계해 자산을 취득한다. 더 나아가 이들은 그 과정에서 다른 사용자를 배려하지 않는 행동을 함으로써 일반 사용자에게 여러 가지 피해를 주거나 직접적으로 게임 회사에서 금지하는 활동을 하기도 한다. 대표적인 것이 이른바 '매크로'라 부르는 프로그램 이용이다. 그래서 게임 회사에서는 이런 작업장들을 제재하기 위해 다양한 조치를 하고 있다.

심지어 가상 재화가 돈이 된다는 점을 노린 해킹이나 사기 문제도 종종 발생한다. 가장 흔한 경우가 계정 도용이다. 다른 사람의 게임 계정 비밀번호를 몰래 탈취한 후 해당 캐릭터가 가진 재화를 다른 캐릭터에게 모조리 아이템 현금 거래를 통해 넘기는 것이다. 이렇게 하면 해킹당한 계정도 피해를 볼 뿐만 아니라 장물을 구매한 사용자 역시 피해를 복구하는 과정에서 본의 아니게 피해를 본다.

때로는 가상 세계 캐릭터 간에 사기 사건이 발생하기도 한다. 좋은 아이템을 가진 캐릭터에게 접근해 해당 아이템을 구경시켜달라고 하거나 한 번만 써보게 해달라고 한 후 아이템을 건네받으면 도망가는 사례는 과거에 흔하게 볼 수 있는 광경이었다. 혹은 거래를 하자고 한 후 아이템만 받고 연락을 끊는 사례도 있다.

무엇보다 전 세계 게임 회사에 가장 큰 피해를 준 사례는 '윈티Winnti'라고 부르는 전문 해커 집단이 저지른 해킹 사건이다.[1] 러시아의 보안 업체인 '카스퍼스키Kaspersky'에서 오랜 추적

끝에 이들의 존재를 밝히기 전까지 몇 년 동안 전 세계에 있는 최소 35개 이상의 게임 회사가 이 해킹 집단에 게임 소스나 디지털 인증서, 개인 정보 등을 탈취당하는 피해를 본 것으로 알려졌다. 이런 해킹 공격은 지금도 계속되고 있는데, 주로 DDoS 공격을 가하면서 공격을 멈추는 대가로 암호 화폐 송금을 요구하는 경우가 많다. 드물긴 하지만 게임 서버를 직접 해킹해 아이템을 조작하거나 게임 개발 소스를 탈취하려는 시도도 이뤄지고 있다. 해커들이 이런 공격을 하는 이유 역시 게임이 직접적으로 큰돈이 되기 때문이다.

앞으로 가상 세계 서비스가 점차 확대되고 대중화된다면 아마도 가상 재화의 규모나 가치 또한 더욱 커질 것이다. 이것은 해당 산업의 발전을 의미하지만, 동시에 가상 세계를 대상으로 한 범죄나 불법 활동 역시 늘어날 가능성이 크다는 의미이기도 하다. 어쩌면 머지않은 미래에 〈레디 플레이어 원〉의 오아시스처럼 전 세계인이 즐기는 거대한 가상 세계 서비스가 등장한다면 여기에 기생하는 I.O.I. 같은 거대 작업장이 등장하지 말란 법도 없을 것이다.

작업장과 마약 조직의 공통점

넷플릭스 오리지널 드라마 〈나르코스Narcos〉는 콜롬비아의 마약왕인 파블로 에스코바르Pablo Escobar와 마약 단속국의 이야기를 그린 인기작이다. 나 역시 재미있게 본 드라마인데, 이 드라마에는 파블로가 단속국의 추적을 피해 자기 마약 조직을 어떻게 관리하고 운영했는지 상세하게 나온다. 파블로는 마약 조직을 여러 하부 조직으로 나누고 각각의 책임자가 담당 구역을 운영하게 한다. 또한 자신을 지지하는 빈민가 지역의 아이들을 활용해 마약의 생산, 운반이나 경찰 조직을 역으로 감시하기도 한다. 이런 철저한 계층화와 점조직화를 통해 개별 인원이나 조직이 마약단속반에 잡히더라도 전체 조직의 피해를 최소화한다.

현실 세계에서 대다수의 기업 역시 직원의 역할과 책임을 명확히 나누고, 원활한 협업을 유도하기 위해 조직을 체계적이고 계층적으로 구성한다. 어떤 식의 구성이 효율적인지는 분야에 따라 조금씩 다르다. 군대처럼 상명하달 체계가 중요한 조직은 피라미드식의 계층 체계를 구성하는 반면, 자율성과 빠른 판단이 중요한 스타트업 기업 같은 조직은 수평적이고 독립적인 팀 단위 체계를 선호한다. 이전 장에서 소개한 리처드 힉스의 논문에 따르면 골드 파밍 기업도 마찬가지로 가상 세계 캐릭터의 역할과 책임을 명확히 나눠서 관리하고 있다. 그렇다면 작업장에서 관리하는 캐릭터들은 가상 세계에서 어떤 식의 조직 체계를 구성하고 있을까? 과연 가상 세계의 작업장에서도 현실 세계의 범죄 조직과 유사한 조직 체계를 관찰할 수 있을까? 이를 궁금해한 몇몇 연구자는 골드 파밍 조직 구조를 분석하기 위해 '네트워크 분석network analysis'이라는 기법을 활용했다.

네트워크 분석이란 개체 간의 연결 관계가 어떤 특징을 갖는지 분석하는 연구 분야다. 지금이 AI의 시대라고 한다면, 2000년대 초반은 네트워크의 시대라고 부를 수 있었다. 덩컨 와츠Duncan J. Watts와 스티븐 스트로가츠Steven H. Strogatz가 쓴 〈작은 세상 네트워크의 집합적 역학Collective dynamics of small-world networks〉이라는 3쪽짜리 짧은 논문이 《네이처Nature》에 발표된 이후 수많은 연구자가 네트워크의 세계에 뛰어들었다. 마침 당시는 인터넷이 대중에게 막 전파되기 시작하면서 전 세계가 서로 연결되고 있었다. 그러므로 '연결 구조'가 갖는 특징을 연구하는 '네트워크' 분야는 많은 사람의 관심을 끌 수밖에 없었다. 거기에 더해 얼베르트라슬로 버러바시Albert-László Barabási의 책 《링크Linked》가 전 세계적으로 큰 인기를 얻으면서 일반 대중까지 '네트워크'에 흥미를 가졌다.

네트워크 분석의 인기에 편승해 수많은 연구자가 자기 분야에서 발견할 수 있는 다양한 네트워크 구조를 분석하고 그 특징을 논문으로 발표했다. 최근 몇 년간 발표되는 논문들에서 '딥러닝deep learning'이란 단어를 쉽게 찾을 수 있듯이, 당시에는 상당수의 논문에서 '네트워크network', '작은 세상small-world', '멱법칙power-law', '척도 없는scale-free' 같은 단어들을 쉽게 발견할 수 있었다. 심지어 마블 유니버스 히어로 간의 관계 네트워크를 분석한 논문이 발표되기도 했다.[2] 이러한 유행은 IT 분야로 넘어와 소셜 네트워크 서비스로 번졌다. 많은 연구자가 트위터나 페이스북 등의 SNS 데이터를 활용해 사람들 간의 사회적 관계가 어떤 특징을 갖는지 분석하거나 다시 이를 활용한 온라인 서비스를 만들었다.

네트워크 분석은 보험 사기나 주가 조작 같은 금융 범죄나 테러리스트 같은 국제 범죄 조직을 탐지하는 데도 많이 사용된다. 범죄자는 수사망을 피하려고 자신의 신분이나 활동을 적극적으로 숨기려고 노력한다. 따라서 개별적인 특징을 분석해서는 정체를 파악하기가 쉽지 않다. 하지만 단독범이 아닌 여러 명이 협업해 범죄를 저지르는 사례에서는 협력 과정에서 허점이 노출되거나 협력 구조 자체에서 범죄 조직만의 특징이 드러나는 경우가 많다.

보안 분야에서도 악성 코드에 감염된 좀비 PC를 탐지하거나 스팸 사이트나 SNS의 허위 계정을 찾는 데 이런 네트워크 분석을 활용한다. 이를테면 트위터 같은 SNS에서 음해성 소문을 퍼뜨리거나 광고 클릭 수를 높이려고 만드는 허위 계정들은 해당 계정의 노출도를 높이고 팔로워follower 수를 늘리기 위해 대량의 가짜 계정이 서로 팔로follow하거나 메시지를 공유하는 경우가 많다. 이런 경우에 단지 해당 계정의 팔로워 수나 공유 수 같은 수치만 봐서는 이상한 점을 찾기 힘들지만, 계정 간의 관계를 네트워크 분석을 통해 확인해보면 실제 영향력 있는 인플루언서의 네트워크 구조와 확연히 다르다는 점을 쉽게 확인할 수 있다.

마찬가지로 가상 세계 역시 일반적인 게임 사용자와 불법 활동을 하는 작업장을 구분하는 데 네트워크 분석 기법이 유용하게 활용될 수 있다. 사실 가상 세계만큼 네트워크 분석에 적합한 대상도 드물다. 가상 세계 속에서 사람들은 현실 세계 못지않게 다양한 관계를 맺고 상호작용하는데, 그런 활동이 게임 서버에 상세하게 기록되기 때문이다. 다만 SNS와 달리 온라인 게임은 공개된 데이터가 드물고, 네트워크 분야의 연구자들은 대개 게임을 잘 모르고 있을 뿐이다. 이런 제약이 있지만 네트워크 분석을 게임에 활용해 작업장 조직의 특징을 분석한 몇몇 연구가 있다.

대표적인 것이 브라이언 키건Brian Keegan 교수가 2010년에 발표한 〈다크 골드: 대규모 다중접속 게임에서 은밀한 네트워크의 통계적 속성Dark Gold: Statistical Properties of Clandestine Networks in Massively Multiplayer Online Games〉이라는 논문이다.[3] 이 논문에서 키건은 작업장 캐릭터들이 가상 재화를 주고받는 거래 데이터를 이용해 캐릭터 간의 관계 네트워크 구조를 분석했다. 이 논문이 흥미로운 것은 작업장 네트워크를 현실 세계의 마약 판매 조직 네트워크가 갖는 특징과 비교했기 때문이다. 앞서 언급했듯이 대부분의 작업장은 수익성을 높이기 위해 인건비가 드는 사람 대신 불법 매크로 프로그램을 이용해 캐릭터를 조작한다. 따라서 게임 회사에서는 게임 약관에서 이런 작업장 캐릭터를 불법으로 규정하고 있으며, 매크로 캐릭터를 발견하면 서비스 이용을 금지하는 제재 작업을 꾸준히 수행하고 있었다. 현실 세계로 빗대어보면 작업장은 마약 판매 조직이고 게임 회사는 그들을 잡는 마약단속반인 셈이다.

키건은 마약 판매 조직이 경찰의 단속을 피하려고 다수의 점조직과 이들을 관리하는 중간 관리자 및 우두머리로 이뤄진 피라미드 체계를 갖는 것처럼, 작업장 캐릭터들 역시 비슷한 조직 구조일 것으로 생각했다. 그는 가설을 확인하기 위해 〈에버퀘스트 2〉의 게임의 캐릭터 간 거래 데이터를 이용해 몇 가지 네트워크 분석을 수행했다. 그 후 실제 마약 조직과 비교해 보니, 작업장 조직 역시 다수의 일꾼 캐릭터가 소수의 캐릭터와 연결되는 피라미드식 구조였다.

이런 구조의 네트워크가 갖는 장점은 다수를 형성하는 조직원이 제거되더라도 전체 조직에 큰 영향을 받지 않는다는 것이다. 즉, 잔챙이가 몇 명 잡힌다고 해도 조직 전체가 받는 피해는 미미했다. 반면 이런 구조의 단점은 네트워크의 중심이 되는 소수가 제거되면 네트워크 전체가 해체된다는 것이다. 마치 마약 조직에서 우두머리를 잡으면 조직 전체가 무너지는 것과 비슷하다. 〈나르코스〉에서 마약단속반이 파블로를 잡기 위해 그토록 긴 시간 동안 사투를 벌인 이유가 이 때문이다.

다만, 키건은 작업장 조직의 경우 마약 조직과 상황이 다르다고 생각했다. 작업장 네트워크에서 중심 노드는 조직의 우두머리가 아니라 단지 가상 재화를 취합하는 또 다른 잔챙이 캐릭터일 뿐이다. 가상 세계에서는 이런 중심 캐릭터를 제거한다고 해서 실제 캐릭터를 조종하는 사람이 제거되는 것은 아니기 때문이다. 따라서 중심 캐릭터를 제재하더라도 작업장 운영자로서는 그저 새로운 캐릭터를 다시 만들어 역할을 대체하면 그만이다.

어쨌든 가상 세계의 불법 조직이 현실 세계의 불법 조직과 유사한 구조임을 실제 데이터를 통해 보여줬다는 점에서 키건의 연구는 흥미를 불러일으킨다. 게임과 현실은 네트워크 측면에서도 서로 닮아 있었다. 어쩌면 작업장 조직을 운영하는 사람들이 현실 세계 범죄 조직의 관리 방식을 참고한 것인지도 모르겠다.

키건은 작업장 네트워크의 중심 노드를 제거하는 것이 큰 효과가 없다고 생각했지만, 그동안의 내 경험에 따르면 중심 캐릭터를 제거하는 것은 작업장 조직을 단속하는 데 충분히 강력한 효과가 있었다. 비록 중심 캐릭터를 단속하더라도 조직 자체가 무너지지는 않지만, 해당 캐릭터가 가진 가상 재화를 회수함으로써 경제적인 타격을 줄 수 있기 때문이다.

현실 세계로 빗대어보면 이런 캐릭터는 범죄 조직의 우두머리는 아니지만 조직의 불법 자금을 관리하는 창고지기 정도는 되었다. 이처럼 작업장의 중심 노드를 찾아 제재할 수 있으면 최소한 그들이 보유하고 있던 대량의 자금을 회수함으로써 영업에 타격을 줄 수 있다. 따라서 작업장 조직의 네트워크를 분석하는 것은 단순히 연구자의 호기심을 충족시키는 것만이 아니라 실질적인 가치가 있다. 참고로 김휘강 교수 연구실에서 박사 과정에 재학 중인 권혁민 연구원이 2013년에 발표한

〈정밀 공습: 게임봇 탐지로 인한 부수적 손상을 최소화하는 새로운 접근 방식Surgical strike: A novel approach to minimize collateral damage to game BOT detection〉은 이런 접근 방법을 제안한 논문이다.[4]

나는 실제로 2010년부터 가상 세계 캐릭터들의 사회관계 네트워크 구조를 분석하고 이것을 활용해 불법 매크로를 운영하는 작업장 조직을 제재하는 데 활용하고 있다. 2018년에 월드 와이드 웹 학술회의에서 발표한 〈온라인 게임 사용자를 위한 실크로드는 없다!: 소셜 네트워크 분석을 사용한 온라인 게임의 암시장 공개No Silk Road for Online Gamers!: Using Social Network Analysis to Unveil Black Markets in Online Games〉는 그동안의 실전 경험을 토대로 캐릭터 간의 가상 재화 거래 네트워크 구조를 상세하게 분석한 논문이다.[5]

내가 분석한 바에 따르면 작업장 조직은 대체로 〈그림 13〉과 같은 네트워크 구조를 갖고 있었다. 즉, 다수의 일꾼 캐릭터가 획득한 가상 재화를 소수의 캐릭터에게 전달해 관리하는 방식이다. 이는 키건 교수나 권혁민 연구원이 분석한 바와 일치하는 결과다.

심지어 이런 작업장은 점차 대규모 조직으로 발전하는 모습을 보였는데, 조직의 규모가 커질수록 네트워크 구조가 점차 계층적이고 자기 반복적인 형태를 갖췄다. 〈그림 14〉는 내가

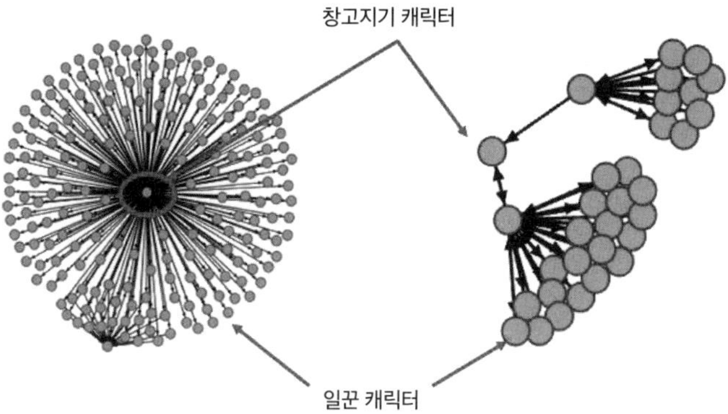

〈그림 13〉 골드 파밍 조직의 거래 네트워크 구조[6]

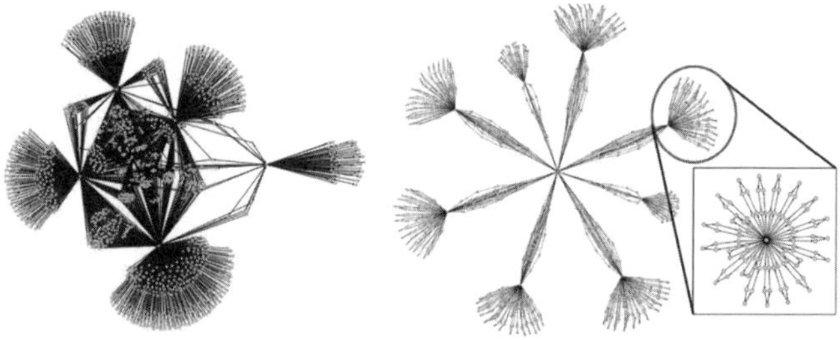

〈그림 14〉 수백 개 이상의 캐릭터로 구성된 거대 작업장 조직. 작업장 조직이 계속 발전하면 왼쪽처럼 여러 계층으로 구성된 체계적인 조직을 형성하거나 오른쪽처럼 프랙털 구조를 연상케 하는 자기 반복적인 구조를 형성한다.[7]

연구 과정에서 발견한 대규모 작업장 네트워크 구조를 시각화한 자료다.

반면, 일반 사용자들은 각자 게임을 즐기는 과정에서 자연스럽게 협업하기 때문에 위와 같은 인위적인 구조와는 다른 네트워크 구조를 갖는다. 버러바시는 선호도가 높은 개체일수록 네트워크 안에서 선점적 지위를 갖는 '척도 없는 네트워크 scale-free network'라는 모형을 제안했는데, 여러 연구에 따르면 친분에 기반한 사회관계 네트워크는 대개 이 모형을 따른다는 특징이 있다. 페이스북이나 인스타그램 같은 SNS를 떠올려보면, 대체로 인플루언서는 엄청나게 많은 수의 팔로워를 갖지만, 일반인은 상대적으로 극소수의 팔로워를 갖는다. 그리고 팔로워가 많을수록 증가하는 속도도 빨라진다. 따라서 전체 서비스 사용자의 팔로워 수 분포를 확인해보면 대다수는 소수의 팔로워를 갖고 극소수가 엄청난 수의 팔로워를 갖는 꼬리가 긴 분포를 보이는데, 이것을 '멱함수분포power-law distribution'라고 부른다. 이런 네트워크 구조는 분업화와 전문화를 통해 계층적 체계를 형성하는 작업장 조직과 다르다. 이를테면 내가 분석한 게임에서 활동하는 일반 사용자들의 가상 재화 거래 네트워크 구조는 〈그림 15〉처럼 생겼다.

이런 차이로 인해 가상 세계 속 캐릭터 간의 사회 네트워크

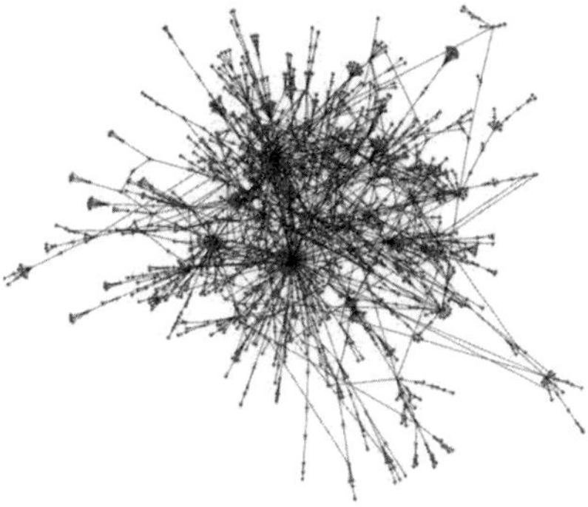

〈그림 15〉 일반 캐릭터들의 거래 네트워크 구조[8]

구조를 파악하면 어떤 캐릭터가 게임을 즐기는 목적으로 활동하는 사용자이고 어떤 캐릭터가 작업장에서 운영하는 사용자인지 대략 구분할 수 있었다.

더 나아가 나는 이런 특징을 활용해 전체적으로 아이템 현금 거래가 얼마나 발생하는지 규모를 추정하는 작업을 수행했다. 어떤 두 캐릭터가 서로 가상 재화를 주고받는 기록은 게임에 남는 로그를 이용해 정확히 알 수 있지만, 이 거래의 목적이 아이템 현금 거래인지 아니면 단순히 두 캐릭터 간에 친화의 목적으로 주고받는 것인지 의도를 파악하기는 어렵다는 문제가 있다. 아이템 현금 거래에서는 가상 세계의 거래와 현실 세계의 거래가 동시에 이뤄지는데, 이 두 거래를 동시에 볼 방법이 없기 때문이다. 그동안 아이템 현금 거래 규모를 대략 추정만 할 수 있을 뿐 구체적으로 파악할 수 없었던 이유가 바로 이것이다.

하지만 네트워크 구조의 특징을 활용하면 아이템 현금 거래를 추정할 수 있을 것이라는 게 나의 아이디어였다. 내가 사용한 방법은 다음과 같다. 두 캐릭터가 서로 가상 재화를 주고받았을 때 이들과 밀접하게 관계를 맺고 있는 다른 캐릭터들을 파악해서 이들과의 관계 네트워크 구조를 만든 후 두 집단의 구조를 비교해본다. 이때 한 캐릭터는 작업장 조직의 네트워크 구조를 갖고 있고 다른 캐릭터는 일반적인 캐릭터들이 형성하는 척도 없는 네트워크 구조를 갖고 있다면, 이 거래를 작업장 조직원이 일반 사용자에게 가상 재화를 판매하는 목적의 거래라고 추정하는 것이다. 이 아이디어를 바탕으로 나는 게임에서 발생한 전체 가상 재화의 거래 기록에 대해 네트워크 분석을 수행했고, 그 결과 아이템 현금 거래 규모를 상당히 높은 정확도로 파악할 수 있었다. 이렇게 실제 게임 데이터를 이용해서 추정했기 때문에 구체적인 거래 시점을 알 수 있었고, 따라서 시간이 지남에 따라 거래 규모가 어떻게 달라지는지 변화를 시계열적으로 관찰할 수 있었다.

〈그림 16〉은 2014년 4월부터 2015년 6월까지 〈리니지〉에서 발생한 아이템 현금 거래 규모를 일주일 단위로 추정한 자료다.

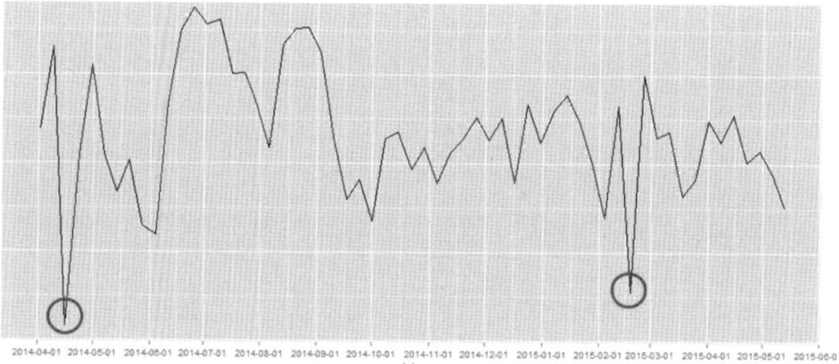

〈그림 16〉 아이템 현금 거래 규모를 일주일 단위로 집계한 시계열 그래프. 가장 수치가 낮은 왼쪽 동그라미는 2014년 4월 16일이 포함된 주이며, 그다음으로 수치가 낮은 오른쪽 동그라미는 설 연휴가 포함된 주이다.

특정 기간에 대해서만 추정한 자료여서 일반화하기에는 조심스럽지만, 개인적으로 흥미로운 점이 몇 가지 눈에 띄었다. 자료를 보면 거래량의 감소 폭이 가장 큰 지점이 두 개 있다. 하나는 2015년 2월 중순인데 이때는 설 연휴다. 아무래도 〈리니지〉의 주요 고객층이 30~40대 남성이니 가족이 모여서 명절을 같이 보내는 설 연휴에 게임 활동이 줄어드는 영향도 있겠지만, 설과 함께 또 하나의 가장 큰 명절인 추석 기간에 비해 설 연휴 기간에 거래량이 유독 낮은 것은 흥미로운 현상이었다

이 원인에 대해 상상력을 발휘해보자면, 설에는 세뱃돈 지출이 클 테니 게임에 지출하는 비용도 적을 수밖에 없다는 것도 원인이지 않을까 생각해본다. 보통 10대, 20대가 주요 고객층인 게임에서는 추석에 비해 설에 게임 매출이 올라가는 '세

뱃돈 효과'가 있는 것[9]과 비교해보면, 세뱃돈을 받는 쪽과 주는 쪽 간에 차이를 확인할 수 있어 흥미로웠다.

이보다 거래량이 더 감소한 시점이 있는데, 그래프에서 왼쪽에 있는 동그라미다. 이 기간에는 세월호 참사가 발생한 2014년 4월 16일이 포함되어 있다. 다소 무리한 추측일 수도 있지만, 하필 그 전후 기간에 비해 유독 큰 폭의 하락이 있어서 이 그래프를 처음 봤을 때 가슴이 먹먹해지는 것을 느꼈다. 우스갯소리로 〈리니지〉 사용자들은 전 세계가 열광하는 월드컵 기간에도 게임 활동을 멈추지 않는다고 한다. 그런 〈리니지〉 사용자들도 아이템 현금 거래를 중지할 만큼 그날은 우리에게 충격을 준 사건이었다는 생각이 들었다. 게임은 현실과 동떨어지지 않고 긴밀하게 연결되어 있음을 다시금 깨닫게 한 경험이었다.

가상 세계가 범죄의 수단이 되다

몇 년 전 회사에서 다소 특별한 분석을 요청받은 적이 있었다. 모 은행에서 여러 개의 대포통장을 이용한 대규모 전자금융사기 피해가 발생했는데 해당 대포계좌에서 우리 회사 게임인

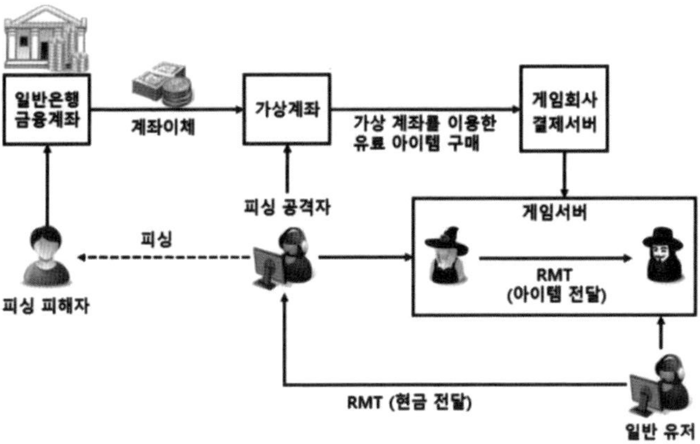

〈그림 17〉 전자금융사기로 획득한 돈을 아이템 현금 거래를 통해 세탁하는 과정을 도식화한 그림.[10]

〈리니지〉 아이템을 대량 구매한 정황이 있어서 이 구매 계정에 관해 분석해달라는 것이었다. 나는 계정들의 유료 아이템 구매 명세와 이렇게 구매한 아이템을 다른 캐릭터에게 넘겨주는 기록을 추출한 후 앞서 소개한 네트워크 분석 기법을 이용해 이동 흐름을 분석했다. 그랬더니 이들이 구매한 아이템을 몇 단계에 걸쳐 소수의 몇몇 계정에 넘겨주고, 이렇게 아이템을 취합한 계정은 다시 여러 계정에 아이템 현금 거래를 통해 판매한 정황이 발견되었다. 전자금융사기로 획득한 돈을 가상 세계를 통해 세탁한 것이다. 〈그림 17〉은 이를 도식화한 자료다.

금융 체계가 발전하면서 현실 세계에서 돈의 흐름을 추적하는 기술 역시 점차 발전하고 있다. 이제 정식 절차만 밟는다면 금융 기관 사이에 자금 이체나 소비 명세를 얼마든지 추적할 수 있다. 심지어 CCTV가 보편화되면서 현금 인출기를 통해 돈을 찾거나 편의점에서 물건을 사는 등의 활동 역시 상당수 추적할 수 있다. 따라서 범죄자들이 전자금융사기 등을 통해 획득한 돈을 빼돌리기가 점점 어려워지고 있다.

그래서 이들이 돈세탁의 도구로 최근 활용하는 것이 가상 재화다. 현재의 수사 제도로는 현실 세계에서 가상 재화를 구매하고 나면 이후 거래 내용을 추적하기가 어렵기 때문이다. 반대로 가상 세계의 데이터를 관리하는 게임 회사 또한 현실 세계의 재화 흐름이 어떻게 이뤄지는지 알 수 없다. 여기 소개한 사례처럼 특별한 사건이 발생해 사이버 수사대의 공식 요청을 받을 때 단편적인 분석이 진행되지만, 아직 체계적인 연계가 이뤄지지는 않는다. 따라서 이런 허점을 노린 금융 범죄가 발생하는 것이다.

이렇게 아이템 현금 거래를 이용한 돈세탁 사례는 국내외에서 심심치 않게 발생하고 있다. 해외에서는 훔친 신용카드를 이용해 게임 아이템을 대규모로 구매한 후 현금화하는 사례가 빈번하게 일어나며, 국내에서도 중고 판매 사기나 이른바 '핸드폰깡'을 이용해 획득한 현금으로 게임 아이템을 구매한 후 다른 계정으로 옮겨서 현금화하는 사건이 심심치 않게 발생한다.[11] 역시나 가상 재화 흐름에 대한 감찰이 체계화되지 못한 현재 금융 체계의 허점을 노린 것이겠다. 물론 지금까지는 이렇게 아이템 현금 거래를 이용한 돈세탁 사례가 많지 않다. 오히려 요즘은 비트코인을 비롯한 암호 화폐가 돈세탁의 주요 도구로 활용된다. 하지만 메타버스와 같은 가상 세계 서비스가 본격적으로 대중화된다면 가상 세계를 이용한 돈세탁은 얼마든지 활성화될 가능성이 있다.

아이템 현금 거래는 탈세의 수단으로도 활용될 수 있다. 2020년《전자신문》에 실린 기사[12]에 따르면 일부 자산 관리 업체에서 증여 및 상속의 수단으로 아이템 현금 거래를 활용하는 방법을 검토 중이라고 한다. 우리나라 세법에 따르면 부모가 자식에게 증여나 상속을 할 때는 최대 50%의 세금이 부과된다. 하지만 아이템을 구매하거나 판매할 때는 이보다 훨씬 낮은 비율의 부가가치세 및 소득세만 부과된다. 가령 아이템 현금 거래를 하면 6개월 단위 매출에 따라 판매자에게 다음과 같은 기준으로 세금을 매긴다.

- 600만 원 이하: 면제
- 600~1,200만 원: 사업자 등록 및 매출 신고는 필요하지만 부과되는 세금은 없음

- 1,200만 원 이상: 매출의 10% 부가가치세 부과, 소득 금액에 따른 소득세 별도 납부

따라서 가상 세계의 재화 증여나 상속을 인정하지 않는 현 제도의 허점을 이용한다면 일반적인 증여 방법을 이용했을 때 내야 할 세금을 회피하면서 큰 금액의 재산을 증여할 수 있다. 물론 정부나 금융 관련 전문가들이 이런 문제를 모르고 있는 것은 아니다. 이미 온라인 게임에서 아이템 현금 거래가 활발히 진행되던 2000년대 초부터 이 문제를 어떻게 처리할지에 관한 논의는 계속해서 이뤄지고 있다. 그런데도 구체적인 제도가 마련되지 못한 것은 가상 세계를 현실 제도에 끌어들이기에는 아직 풀어야 할 문제가 많기 때문일 것이다.

아무래도 가상 세계 재화의 양도나 증여를 제도적으로 인정하면 아이템에 대한 재산권을 인정하는 셈인데, 이럴 때 생길 수 있는 문제가 많기 때문일 것이다. 가령 게임 회사에서 게임을 업데이트했는데 이 때문에 특정 아이템의 가치가 하락하면 이 아이템을 보유한 사람은 재산상 손실을 볼 것이고, 이에 대한 책임을 물어 게임 회사에 소송을 걸지도 모른다. 심지어 게임에 오류가 발생해 가치가 폭락한다면 문제는 더 심각할 것이다. 어쩌면 사용자가 줄어들어 게임 서비스를 종료하고 싶

어도 사용자들이 보유한 아이템 때문에 종료를 못하는 상황이 생길지도 모른다. 이러한 문제들을 법적으로 명확하게 정의하지 않은 채 가상 재화 거래를 금융 거래로 인정한다면 더 큰 사회적 혼란이 생길 수 있다.

하지만 비트코인 시장이 금 시장의 1/4 규모로 성장할 정도로 암호 화폐의 자산 성격이 강해지면서 여러 나라에서 금융 제도 편입을 본격적으로 추진하는 상황을 생각해보자. 머지않은 미래에 가상 세계 재화의 시장 규모 또한 무시하지 못할 수준으로 성장할 가능성이 작지 않기 때문에 이에 관한 대비와 논의가 필요하다.

누가 가상 세계 수사권을 가져야 하나

지금까지 언급한 사례들은 현실 세계의 범죄와 직간접으로 연관되어 있었다. 그렇다면 가상 세계 안에서 발생한 범죄는 어떻게 처리해야 할까? 이를테면 가상 세계 속 캐릭터에게 모욕을 가하거나 원치 않은 폭력을 행사한 캐릭터가 있다면 이에 대해 어떤 처분을 해야 할 것인가?

이미 우리나라에서는 가상 세계에서 발생한 분쟁 사건을 경찰이 처리한 사례가 있다. 이를테면 캐릭터 간에 아이템을 거래하면서 약속한 현금을 주지 않고 아이템만 가로채는 경우가 대표적이다. 이런 경우 경찰은 게임 회사의 협조를 받아 해당 캐릭터의 실제 주인을 추적해 구속하곤 한다.[13] 심지어 금액이 수천만 원에 달해 사기 피해자가 자살하는 사례도 있었다.[14]

하지만 현실 세계에 피해를 직접 입증하기가 곤란한 사건도 있다. 예전에 〈리니지〉에서 한 캐릭터(이하 캐릭터 A)가 다른 캐릭터(이하 캐릭터 B)와 채팅으로 논쟁을 벌인 적이 있었다. 당시 A는 '진명황의 집행검'이라는 〈리니지〉 세계 최고의 아이템을 보유하고 있었는데 B가 A를 도발하기 위해 거지라며 놀리기 시작하자 A는 자신의 재력을 과시하기 위해 집행검을 B가 볼 수 있게 바닥에 내려놓고 자랑했다. 그런데 미리 B와 짜고 몰래 변신 아이템을 사용해서 멧돼지로 변신하고 있던 다른 캐릭터 C가 A가 눈치채지 못하게끔 살며시 다가와 A가 떨군 집행검을 탈취한 후 도망가버렸다. 이 경우에는 앞선 사례와 달리 현실 세계에서 재화를 주고받은 것이 아니라 철저히 가상 세계 속에서만 이뤄진 절도 사건이다. 따라서 이것을 경찰이 어떤 법적인 근거로 수사할 수 있을지 모호하다.

이와 비슷한 사건에 대한 판례가 있기는 하다. 2006년 〈리니지 2〉에서는 280여 명의 캐릭터가 '안타라스'라는 당시 〈리니지 2〉 최상급 몬스터 사냥에 성공한 직후 이 사냥에 참여하지 않았던 두 캐릭터가 몰래 보상 아이템을 탈취하고 사라지는 사건이 있었다.[15] 그런데 당시 이 사냥을 이끌었던 사용자는 변호사를 선임해 경찰에 수사를 의뢰했고, 몇 년간의 수사와 재판 끝에 결국 해당 범인들이 유죄를 선고받게 했다.

하지만 이 사건 또한 유죄를 받게 한 혐의가 현실 세계와는 조금 달랐다. 다른 이의 재산을 탈취한 상황에 해당하는 횡령죄나 절도죄가 아니라 배임죄 혐의를 적용한 것이다. 그 또한 가상 세계 재화에 대한 재산권을 인정하지 않고 있는 점과 가상 세계 범죄에 관한 법 적용의 모호함 때문이다.

더 나아가 가상 세계 범죄는 재판권을 행사하는 관할 구역을 어떤 기준으로 적용할지가 모호하다는 문제도 있다. '관할 jurisdiction'이란 소송이 발생했을 때 어떤 지역의 법원이 해당 재판권을 행사할지를 정하는 것을 말한다. 보통 민사나 형사 사건이 발생하면 해당 사건이 발생한 지역의 지방법원이 재판을 담당한다. 그런데 가상 세계에서 발생한 사건은 그에 맞는 관할이 없다는 문제가 있다. 아제로스나 아덴에서 발생한 절도 사건은 어느 지방법원에서 판결을 맡아야 할까?

게임뿐만 아니라 다른 인터넷 서비스와 관련된 사이버 범죄 대부분이 이와 비슷한 문제를 갖고 있다. 그래서 불법 온라인 카지노나 포르노 사이트 수사에서 어려움을 겪는 경우가 많다. 특히 이런 인터넷 사이트를 관리하는 서버가 외국에 있으면 국내 형사법을 적용하지 못해 방치되는 사례가 많다. 향후 가상 세계에서의 삶이 더 대중화되고 그 속에서 발생하는 범죄가 더 늘어나면 수사 및 재판 관할 문제는 더욱 심각해질 가능성이 크다. 어쩌면 가상 세계 범죄는 가상 세계에서 수사하고 처벌하는 별도 수사 조직이 필요할지도 모르겠다.

애초에 가상 세계는 현실 세계와 다른 윤리적 관점으로 접근해야 할지도 모른다. 앞서 3장에서 언급했듯이 어떤 가상 세계에서는 캐릭터 간의 전투가 일상적인 행위다. 또한 가상 세계에서 캐릭터가 죽는 것은 현실 세계의 죽음과 그 의미가 다르다. 따라서 가상 세계에서 누군가 다른 캐릭터를 죽인다고 해서 현실 세계와 같은 살인죄를 적용할 수는 없을 것이다. 오히려 대개의 MMORPG에서는 (잠깐의 페널티인) 살인보다 (영구적인 손실인) 절도가 더 큰 피해를 주는 행위다. 다시 말해 가상 세계에 현실 세계의 윤리나 법률 체계를 적용하기에는 무리가 있다. 따라서 가상 세계에는 그에 맞는 새로운 법률 체계를 구축해야 할 필요가 있다.

그렇다면 그런 법률은 누가 만들어야 할까? 쉽게 생각하면 해당 가상 세계를 만든 회사에서 법률을 만드는 것이 적절할지 모른다. 그러나 현재 게임 회사는 서비스 운영을 위한 약관이 아닌 폭넓은 사회 체계 구축에 필요한 법률을 만들고 운용할 수 있는 지식이나 자격을 갖추고 있지 못하다. 어쩌면 앞으로 가상 세계를 서비스하는 업체는 반드시 입법 및 사법 전문가를 채용하거나 현실 세계처럼 투표 등 가상 세계 시민들의 합의를 얻는 민주주의적 절차를 도입해야 할지도 모른다. 혹은 머지않은 미래에 가상 세계의 법률 체계를 구축하거나 사법 체제를 운영해주는 전문 기관을 만들어야 할지도 모르겠다.

한편, 가상 세계 범죄를 다루는 방법과 관련해 〈아키에이지〉의 재판 제도는 좋은 참고가 될 수 있다.[16] 〈아키에이지〉에서는 어떤 캐릭터가 다른 캐릭터의 물건을 훔치거나 살인을 저지르면 이 캐릭터를 지명 수배자 명단에 올린다. 이렇게 수배자가 된 캐릭터는 다른 이들이 발견해 죽이거나 어떤 이유로 인해 죽임을 당하면 재판장으로 강제 소환된다. 이렇게 소환된 캐릭터는 본인의 죄를 변론할 기회를 제공받으며, 재판에 참여한 배심원 캐릭터들에 의해 유무죄가 결정된다.

이것은 법률 체계가 아직 정립되지 못했던 미국 초기 서부 시대에 각 지역에서 시행된 배심원 기반의 재판 제도와 흡사하다. 물론 〈아키에이지〉의 재판 제도는 실제 심각한 의미가 있기보다는 일종의 재미 요소로서, 사용자들이 수행해야 하는

〈그림 18〉〈아키에이지〉의 재판 제도. 재판에 소환된 캐릭터를 배심원으로 참석한 다른 캐릭터들이 심판한다.[17]

임무 중 하나일 뿐이다. 그러나 향후 가상 세계 범죄를 진지하게 다뤄야 하는 시기가 온다면 좀 더 본격적인 법률 체계를 갖추기 전 단계에서 과도기 극복을 위해 이런 제도를 참고할 수 있을 것이다.

우리는 어쩌면 앞으로 가상 세계 범죄를 현실 세계와 동떨어진 행동으로 바라보는 시각 자체를 수정해야 할지도 모른다. 다시 말해 가상 세계의 일탈 자체도 현실 세계와 비슷하게 좀 더 진지하게 생각해야 할지 모른다는 것이다. 2016년《아에온Aeon》이라는 디지털 잡지에 실린 한 칼럼은 이 문제에 관한 진지한 주장을 담고 있다.[18] 이 칼럼의 저자는 가상 세계 기술이 발전할수록 가상 세계에서의 행동에 대해 좀 더 신중하게 접근할 필요가 있다고 주장한다. 특히 가상 현실이나 증강 현실 기술이 발전하면서 우리는 점점 가상 세계에서의 체험에 현실감을 더하고 있다. 따라서 가상 세계 활동을 통해 느끼는 감정이나 감각은 점점 현실과 차이가 없어지고, 이 때문에 인지적인 영향력 또한 더 커질 것이다.

만약 가상 현실을 통해 누군가를 칼로 찌르는 행위에서 느껴지는 감각이 현실과 거의 구분하기 힘들 정도로 그럴듯하다면 이것을 단지 가상 세계의 행동이기 때문에 괜찮다고 쉽게 치부할 수 있을까? 혹은 육체적인 피해는 없지만 감각적으로 현실과 비슷한 정도의 고통이나 공포를 느낄 수 있는 가상 세계라면 우리는 그 속에서의 범죄 행위를 현실과 다르게 취급할 수 있을까? 앞에서 계속 다뤄왔듯이 가상 세계 속 행태가 현실 세계의 행태와 큰 차이가 없다면 우리는 가상 세계에서의 윤리 역시 현실 세계와 유사한 잣대를 갖고 정의해야 할지도 모른다. 즉, 앞으로 우리는 가상 세계 윤리에 대해서도 좀 더 진지하고 본격적으로 접근해야 할 필요가 있다.

가상 세계 분석을 통한 범죄 예방

몇 년 전 모 금융 회사와 데이터 분석과 관련된 협업을 논의한 적이 있었다. 금융 시스템에서 남는 데이터와 게임 활동 데이터를 연계해 무엇을 할 수 있을지 아이디어를 교환하는 과정에서 게임 활동 기록을 신용 평가 체계에 도입하는 것에 대해 얘기한 적이 있다. 이를테면 가상 세계에서 성실하게 게임을 하는 사람은 실제 성향도 성실할 가능성이 있으니 신용 등급을 높게 책정하는 것이다. 비록 아이디어 수준에서 그쳤지만 아주 터무니없는 생각은 아닐 것이다. 가상 세계의 행태는 어느 정도 그 사람 내면의 욕망을 비추는 거울이다. 따라서 가상 세계 활동을 분석해 그 사람의 성향이나 성실함을 추정하는 것이 불가능하지는 않을 것이다. 이미 많은 온라인 서비스에서는 고객의 데이터를 이용해 소비 성향이나 선호하는 상품을 추정해 맞춤형 광고에 활용하고 있음을 생각해보면 충분히 구현 가능한 생각이다.

그렇다면 가상 세계의 행태를 분석해 현실 세계의 범죄를 예방하는 데 활용할 수는 없을까? 이미 이른바 빅데이터를 이용해 범죄가 발생할 확률이 높은 지역을 예측하는 기법에 관한 연구가 많이 이뤄지고 있다. 한국전자통신연구원은 CCTV 데이터를 이용해 범죄를 식별하는 시스템을 개발했으며, 최근 경찰청은 이를 더 발전시켜 '범죄 위험도 예측분석 시스템'을 개발했다.[19] 심지어 마이크로소프트는 사이버 범죄를 다루는 '디지

털 범죄 부서Digital Crimes Unit'라는 전담 부서를 운영한다.[20]

현실 세계 데이터를 이용해 범죄 예방 및 예측을 할 수 있다면 가상 세계 데이터 분석을 범죄 예방에 사용하지 못할 법은 없을 것이다. 앞서 언급했듯이 가상 세계의 불법 행위를 분석하는 것은 현실 세계의 범죄 분석에 참고 자료가 될 수 있을 것이고, 현실 세계와 가상 세계를 오가는 최신 디지털 범죄를 추적하는 데도 도움이 될 수 있다. 더 나아가 어쩌면 우리는 가상 세계 행태를 분석함으로써 현실 세계의 범죄를 예방할 수도 있을 것이다. 범죄심리학에 따르면 동물 학대와 사이코패스 성향 사이에는 높은 상관관계가 있다고 한다. 그렇다면 가상 세계에서의 지나친 폭력 행위 역시 실제 성향과 상관관계가 있지 말란 법은 없다.

그런데 또 한편으로 생각해보면, 데이터를 분석해서 범죄를 예측하려는 시도는 다소 오만한 발상일지도 모른다. 이것은 영화 〈마이너리티 리포트Minority Report〉를 떠올리게 한다. 비록 작가의 상상력에 불과할지 모르지만, 영화에서 주인공이 그러했듯 아직 발생하지도 않은 행위에 대한 단죄는 여러 가지 부작용을 낳을 가능성을 배제하기 힘들기 때문이다. 어쩌면 이보다는 부정적인 활동을 덜 하게 만드는 시스템을 도입함으로써 범죄를 완화하겠다는 계몽적인 시도가 더 나은 방향일지도 모르겠다.

이를테면 〈리그 오브 레전드League of Legend(이하 〈LOL〉)〉라는 게임은 오랫동안 사용자 간의 거친 언어폭력 문제로 골머리를 앓고 있었다. 이 문제를 해결하려고 〈LOL〉의 제작사인 라이엇 게임즈는 예의를 갖춘 사용자에게 보상을 주는 '명예 시스템'을 도입했는데, 이후 언어폭력이 41% 줄어드는 효과가 있었다고 한다.[21] 비록 효과가 얼마나 오래 지속되었는지는 알 수 없지만, 적어도 앞으로 가상 세계 시스템을 개발하고 관리하는 주체는 가상 세계 사용자를 계몽하는 조치를 강구해야 할지 모른다.

그런데 이 글을 읽는 누군가는 가상 세계에서의 계몽 시도가 과연 얼마나 효과가 있을지 의구심을 가질지도 모르겠다. 현실 세계에서도 누군가의 성향이나 생각을 바꾸기가 쉽지 않은데 가상 세계에서 캐릭터의 행태를 바꾸는 것이 과연 가능할까? 더 나아가 이런 가상 세계에서의 계몽 활동이 현실 세계를 살아가는 사용자의 행동을 바꾸는 데 영향을 줄 수 있을까? 다음 장에서 우리는 이에 대한 가능성을 엿볼 수 있는 몇 가지 연구 사례를 살펴보고자 한다. 이것은 인간이 가진 몇 가지 중요한 사회적 속성에 기초하고 있다. 가상 세계는 과연 더 나은 현실 세계를 만드는 데 도움이 될 수 있을까?

6장

호혜성

가상 세계에서 찾은 선한 마음

둠 포 콜럼바인

1999년 4월 20일, 미국 콜로라도주의 콜럼바인 고등학교 3학년인 에릭 해리스Eric Harris와 딜런 클리볼드Dylan Klebold는 학교에서 900여 발의 총을 난사해 학생 12명과 교사 1명을 살해하고 21명에게 상해를 입힌 후 경찰과 대치하던 중 스스로 목숨을 끊었다. 심지어 이후 조사를 통해 이들이 사제 폭탄을 학교 곳곳에 설치해 폭발을 시도했으나 이 중 한 개만 부분적으로 폭발되었을 뿐 나머지는 불발되었으며, 원래 계획은 폭탄을 터뜨린 후 도망치는 사람들을 총으로 처리하려는 것이었다는 점이 드러났다. 만약 이들의 계획대로 일이 진행되었다면 실제 피해는 몇 배나 더 컸을 것이다. 이 사건은 미국 역사상 가장 끔찍한 총기 난사 사건 중 하나로 사람들의 뇌리에 남아 있다.

10대 청소년 두 명이 저지른 이 충격적인 사건 이후 피해자의 가족 및 여러 언론에서는 이들이 이런 끔찍한 범행을 저지르게 만든 원인에 관해 여러 가지 해석을 내놓았다. 그중 범인들이 평소 매릴린 맨슨Marilyn Manson의 음악과 〈둠Doom〉이라는 FPS 게임을 즐겼다는 이유로 인해 과격한 록 음악과 폭력적인 비디오 게임이 주요 원인으로 꼽혔다.

특히 〈둠〉은 사용자가 괴물을 처치하는 장면의 폭력성 수위가 높았고, 전반적으로 디스토피아적이고 기괴한 분위기로 인해 이미 많은 논란을 일으키고 있었다. 그런데 심지어 범인 중 한 명이 〈둠〉의 캐릭터를 흉내 내는 비디오를 찍었던 것이 발견되면서 논란은 더욱 커졌다. 이 때문에 희생자 가족들은 〈둠〉을 포함한 몇 개의 게임 회사를 상대로 약 50억 달러의 피해 소송을 냈다. 하지만 FBI에서는 콜럼바인 총기 난사 사건 범인에 관해 철저한 프로파일링을 진행한 후 무려 2만 5,000쪽에 이르는 보고서를 발행했는데, 이에 따르면 이들이 범행을 저지른 직접적인 계기는 아이들의 집단 따돌림이었으며, 오히려 게임은 이들이 따돌림으로 인한 분노를 해소하는 일종의 분출구 역할을 한 것으로 추정했다. 결국 피해자 가족은 이 소송에서 패소했다.

2002년 영화감독 마이클 무어는 콜럼바인 총기 난사 사건의 원인을 파헤친 다큐멘터리 영화를 발표했다. 그는 미국 최대 방위산업체인 록히드마틴, 매릴린 맨슨, 영화 〈벤허〉의 주인공을 맡았던 유명 배우이자 전미총기협회 회장인 찰턴 헤스턴 등 다양한 인물을 인터뷰했다. 이를 통해 총기 사건의 원인은 매릴린 맨슨이나 둠이 아니라 총기 소지와 구매가 너무나도 쉬웠던 당시 미국의 상황과 타인에 대한 공포와 적대심을 조장하는 정부 정책에 있었음을 감독 특유의 냉소적인 시각에서 꼼꼼하고 집요하게 제시했다. 이 영화의 제목은 〈볼링 포 콜럼바인Bowling for Columbine〉인데 범인들이 사건 당일 오전에 볼링을 쳤고, 이전에 볼링장에서 총기 사건이 발생한 적도 있으니 사실 이들이 총기 사건을 벌인 원인은 볼링이 아니냐는 의미를 담고 있다. 단지 그들이 록 음악과 게임을 즐겼다는 이유로 이것을 총기 난사 사건의 원인으로 꼽은 언론을 비꼬기 위함이었다.

실제 이유야 어찌 되었든 이 사건은 이후 학계에서 폭력적인 비디오 게임이 청소년에게 미치는 영향에 관한 연구를 촉발한 계기가 되었다. 그러나 그동안 알려진 수많은 연구를 종합해보면 비디오 게임이 사람의 폭력성에 영향을 미친다고 단정할 만한 근거는 아직 부족하다. 일부 연구에서 공격성을 높이는 경향이 관측되었지만, 그 정도나 유지되는 시간은 적어서 실제 폭력 행위나 범죄로 이어진다고 보기에는 무리가 있었다. 오히려 게임이 공격성을 해소하는 데 도움을 준다는 연구도 있으며, 심지어 비디오 게임을 하는 시간과 폭력 사건 사이에 음의 상관 관계가 있다는(즉, 비디오 게임을 하는 시간이 늘어날수록 폭력 사건이 줄어드는 경향이 있다는) 연구 결과도 있다. 따라서 이렇게 일관되지 못한 연구 결과들을 토대로 단정적인 주장을 하기에는 무리가 있다.

사실 게임과 실제 폭력 사이의 인과성을 주장하기에는 고려해야 할 조건이나 상황이 너무나 많다. 여기에는 애초에 공격적인 성향이 선호하는 게임 장르와 폭력 사건을 일으킬 확률에 영향을 주는 교란 요인으로 작용할 수도 있고(이런 경우 게임과 폭력 사건은 상관성이 있을 수 있으나 인과성이 있다고는 말할 수 없다), 공격성이 폭력적 행동으로 이어지기에는 사회적으로 다양한 조건이나 사건이 연계적인 영향을 줄 수 있기 때문이다(이런 경우 두 변수 사이에 여러 단계의 매개 변수가 존재하기 때문에 직접적인 인과성을 파악하기 어렵다).

나는 여기에서 게임이 인간의 폭력성과 아무런 상관이 없다는 식의 방어적인 주장을 할 의도는 없다. 인간 심리에 관한 여러 연구에 따르면 사람들은 다른 사람의 행동을 흉내 내며 진화하는 경향이 있다고 한다. 또한 신경 과학 연구에 따르면 영장류에게는 다른 개체의 움직임을 관찰할 때 활성화되는 '거울 신경세포Mirror Neuron'라는 것이 있어서, 다른 사람과 공감하거나 모방을 통해 학습하는 데 중요한 역할을 한다고 알려져 있다. 따라서 게임이 사람의 인지에 아무런 영향을 미치지 못한다는 주장은 그리 설득력이 없어 보인다.

다만 과연 인간의 폭력성에 영향을 주는 것이 단지 게임뿐인지 혹은 다른 매체에 비해 게임이 절대적인 비중을 차지할 정도로 압도적인 영향을 미치는 것인지에 관해서는 논란의 여지가 있다고 본다. 다시 말해 특정 매체나 콘텐츠가 총기 난사 사건처럼 극단적으로 반사회적인 행동을 불러왔다는 주장은 인간의 인지 심리나 행동을 지나치게 단순화하는 시각이라 하겠다. 이 정도로 강렬한 사건이 발생한 배경에는 한두 가지로 축약하기 어려운 원인이 복합적으로 작용했으리라고 보는 것이 더 합리적이라고 생각한다.

또한 반대 관점에서 접근할 수도 있을 것이다. 만약 게임이 인간의 반사회적인 성향을 증가시키는 데 크든 작든 영향을 줄 수 있다면, 반대로 친사회적인 성향을 높이는 데도 영향을 줄 수 있지 않을까 하는 생각이 그것이다. 심지어 앞서 계속 강조했듯이 MMORPG 같은 온라인 게임은 현실 세계와 유사한 사회적 활동이 가능하므로 이를 통해 사람이 살아가는 데 필요한 사회성을 익히고 경험하는 데 중요한 역할을 할 수도 있지 않을까?

호혜성: 선한 행동은 또 다른 선한 행동을 낳는다

우리는 살아가면서 다른 이의 선행을 직접 혹은 간접으로 경험한 사람이 이에 영향받아 다른 이에게 선행을 베푸는 경우를 종종 보곤 한다. 선행이 마치 바이러스처럼 전파되는 것이다. 그런데 다른 이에게서 선행을 받은 사람 역시 선행을 베푸는 것이 과연 선행의 전파라고 확신할 수 있을까? 유유상종이라는 말이 있듯이 이미 선한 속성을 가진 사람끼리 가깝게 모여 있어서 생긴 착시 현상이거나 그저 같은 모임에 속한 사람들 사이에서 느끼는 동료 의식에서 발생한 현상일 수도 있기 때문이다. 특히 사람들은 아주 작은 차이나 유사점만으로도 집단을 형성하고, 같은 집단에 속한 사람들에게 호의를 갖는다는 것은 여러 심리 실험을 통해 널리 알려진 사실이다. 이른바 '팔은 안으로 굽는다'인 것이다. 따라서 우리가 사회생활을 하면서 경험하는 선행의 확산은 이렇게 같은 집단에 속한 동료에 관한 호의에서 비롯된 것인지도 모른다.

그렇다면 선행이 정말 전파되는 것인지는 어떻게 확인할 수 있을까? 이러한 질문에 해답을 찾기 위해 2010년 캘리포니아 주립대의 제임스 파울러James Fowler와 하버드 의대의 니컬러스 크리스태키스Nicolas Christakis는 '공공재 게임public-goods game'을 이용해 서로 일면식이 없는 사람들 사이에서도 기부 행위가 전파되는지 실험했다.[1]

공공재 게임이란 여러 참가자가 자발적으로 돈을 내놓으면 진행자가 전체 금액의 두 배에 해당하는 금액을 공평하게 나눠주는 게임을 말한다. 전체 집단으로 보면 참가자들이 돈을 많이 내놓을수록 나중에 돌려받는 금액이 많으므로 더 이익이지만, 각자 내놓는 금액에 상관없이 돌려받는 금액은 똑같으니 각 개인으로서는 내놓는 금액이 적을수록 더 이득이다.

이를테면 5명의 참가자가 각각 1,000원씩 내놓으면 2,000원씩 돌려받기 때문에 1,000원의 이득을 얻는다. 그런데 만약 5명 중 한 사람이 돈을 내놓지 않는다면 각자 돌려받는 금액은 1,600원이 되어 전체 이익은 줄어들지만 돈을 내놓지 않은 사람은 1,600원의 이득을 얻는다. 즉, 집단의 전체 이익은 낮아지더라도 개인의 이익은 늘어날 수 있다. 이렇게 개인의 이익과 집단의 이익이 어긋날 때 모두가 개인의 이익을 추구하면 결국 최악의 결과가 발생하는 상황을 흔히 '죄수의 딜레마'라고 부른다. 공공재 게임은 게임 이론을 통해 유명해진 '죄수의 딜레마'의 확장판으로, 보통 사회에서 무임승차자 문제를 어떻게 극복할지 연구할 때 많이 활용된다.

이 실험에서 참가자들은 낯선 사람들과 한 팀을 이뤘고, 여러 차례 실험하는 동안 팀 구성원 역시 계속 바뀌었다. 이를 통해 동료 의식이나 유유상종 혹은 보복에 대한 두려움과 같이 의사 결정에 영향을 미칠 수 있는 조건을 최대한 제거했다. 이런 상황에서 참가자 중 한 사람이 임의의 다른 참가자에게 아무런 조건 없이 돈을 주도록 한 후 돈을 받은 사람이 다음 게임에서 어떻게 행동하는지 관찰했다.

실험에 따르면 돈을 받은 참가자는 그다음 게임에서 또 다른 낯선 이에게 본인이 받은 돈을 다시 기부하는 것을 관찰할 수 있었다. 심지어 어떤 이는 본인이 받은 돈보다 더 많은 돈을 기부했으며, 이런 기부 활동은 여러 차례에 걸쳐 진행되어 최대 3단계까지 전파되었다고 한다. 이 논문은 이론적으로만 설명되어온 선행의 전파를 실험을 통해 검증한 대표적인 연구다. 이렇게 누군가에게서 도움을 받았을 때 그 대가로 선행을 베푸는 성향을 우리는 '호혜성Reciprocity'이라고 부른다. 호혜성은 크게 다섯 가지 유형으로 분류할 수 있다.

1) 상호 호혜: 누군가에게 도움을 받으면 도움을 준 그 사람에게 보답하는 행위
2) 일반화된 호혜: 누군가의 도움을 받고 나면 나 역시 제3자를 돕는 행위
3) 간접적 호혜: 누군가를 도와주는 행동이 다른 이들에게 알려져 내 평판을 높이면 이 때문에 내가 어려움을 겪을 때 도움을 받을 수 있을 것이라는 기대감에 의한 행위
4) 제3자의 영향력: 다른 이의 선행을 보고 흉내 내는 행위
5) 사회적 압력: 주변에 내 지인들이 지켜보고 있는 상황에서 하는 선행

앞서 소개한 파울러 팀의 실험은 일반화된 호혜가 있다는 것을 보여줬다. 게다가 이 실험에 따르면 선행의 전파는 증폭되는 경향이 있었다.

그렇다면 가상 세계에서는 어떨까? 이 책에서 줄곧 소개했듯이 우리는 현실 세계에서 볼 수 있는 여러 가지 인간의 행태를 가상 세계에서도 볼 수 있다. 따라서 현실 세계에서 선행이 전파될 수 있다면 가상 세계에서도 가능할 것이다. 앞서 종말에 관한 연구에서도 소개했던 강아름 교수는 2014년 넷게임즈라는 IEEE 학술회의에서 〈게임에서의 이타주의: 다른 사

람들이 스스로를 돕도록 돕는 것Altruism in games: Helping others help themselves〉이라는 논문을 통해 가상 세계에서의 호혜적 행동을 관찰하고 분석한 연구 결과를 발표했다.[2]

강아름 교수는 엔씨소프트의 MMORPG인 〈아이온〉을 이용해서 캐릭터 간에 아이템을 주고받는 전체 거래 이력 중 높은 레벨 캐릭터가 아무런 대가 없이 낮은 레벨 캐릭터에게 아이템이나 게임 재화를 건네준 데이터를 추출한 후, 이러한 가상 세계 속 기부 행위가 어떻게 전파되는지 분석했다. 그런데 가상 세계에서의 대가 없는 아이템 전달 행위에는 앞서 소개한 아이템 현금 거래 행위가 포함됨으로써 결과가 왜곡될 가능성이 있다. 아이템 현금 거래의 경우 가상 세계에서 전달한 아이템의 대가를 현실 세계에서 받기 때문이다.

따라서 강아름 교수는 아이템 현금 거래 의심 캐릭터를 먼저 추정한 후 이들을 미리 제외함으로써 이런 왜곡 요소를 최대한 제거했다. 이렇게 정제된 거래 이력 데이터를 두 캐릭터 간의 관계에 따라 크게 세 개의 집단으로 나눈 후, 각 상황에서 아이템을 전달받은 캐릭터들이 이후 3개월 사이에 또 다른 캐릭터에게 대가 없이 아이템을 전달하는 비율을 조사했다. 각 집단을 나눈 기준은 아래와 같다.

- A 집단: 낯선 이에게서 아이템을 기부받은 집단
- B 집단: 친구 혹은 같은 길드원에게서 아이템을 기부받은 집단
- C 집단: 친구 혹은 같은 길드원인 동시에 단체 활동을 같이한 상태에서 아이템을 기부받은 집단

분석 결과에 따르면 가상 세계 속 캐릭터도 다른 이에게서 아이템을 기부받은 경험이 있으면 이후에 다른 이에게 아이템을 선물하는 비율이 높았다. 특히 C 집단에 속한 캐릭터의 경우 기부받은 경험이 있는 캐릭터의 약 71%가 이후 다른 이에게 아이템을 기부한 것이 관찰되었다. 낯선 이에게서 기부받은 A 집단 캐릭터도 약 36%가 이후에 다른 이에게 아이템을 기부했다. 반면 임의의 거래 데이터를 표본 추출했을 경우 이런 대조군 데이터 중에서 대가 없이 아이템을 전달한 행위의 비율은 약 10% 정도였다.

이를 통해 누군가에게서 아이템을 기부받는 행위와 이후 다른 이에게 아이템을 기부하는 행위 사이에는 뚜렷한 상관관계가 있음을 알 수 있었다. 더 나아가 아이템을 기부받은 횟수와 기부한 횟수 사이에는 통계적으로 유의한 수준의 상관성도 관측되었다. 다시 말해 가상 세계 속 캐릭터들은 자신이 기부를

많이 받을수록 다른 이에게 기부하는 횟수가 늘어나는 경향이 있었다. 이런 경향성은 C 집단에 속한 캐릭터에게서 더 강하게 관측되었는데, 이렇게 C 집단이 A 집단보다 높은 경향성을 갖는 이유는 아마도 일반적인 호혜성에 동료 의식까지 더해 증폭된 결과일 것으로 추정된다. 어쨌든 저자는 이런 자료를 토대로 가상 세계 역시 기부 행위가 전파되는 경향이 있다고 판단했다.

연구팀은 여기서 그치지 않고 이렇게 선행을 주고받은 경험이 게임 활동에 어떤 영향을 주는지 확인하기 위해, 아이템을 기부받은 경험 및 준 경험이 있는지 없는지에 따라 총 네 가지 유형으로 집단을 나눈 후 이들이 이후 90일 동안 게임에 얼마나 오래 접속하는지 확인했다. 분석에 따르면 아이템을 기부받은 경험과 준 경험이 모두 있는 캐릭터의 90일 잔존율이 62%였던 반면, 기부받거나 준 경험이 전혀 없는 캐릭터의 잔존율은 25%에 불과했다. 즉, 선행을 주고받은 경험이 있는 캐릭터가 그렇지 않은 캐릭터보다 게임 활동을 더 오래 한 것이다.

다만 이 결과만으로 기부 행위가 게임 잔존율을 높이는 데 영향을 준다고 단정할 수는 없다. 기부 행위와 잔존율은 단순히 상관관계에 놓일 가능성도 있기 때문이다. 이를테면 게임에 애착이 많은 사람일수록 기부 행위 참여도가 높을 수 있는

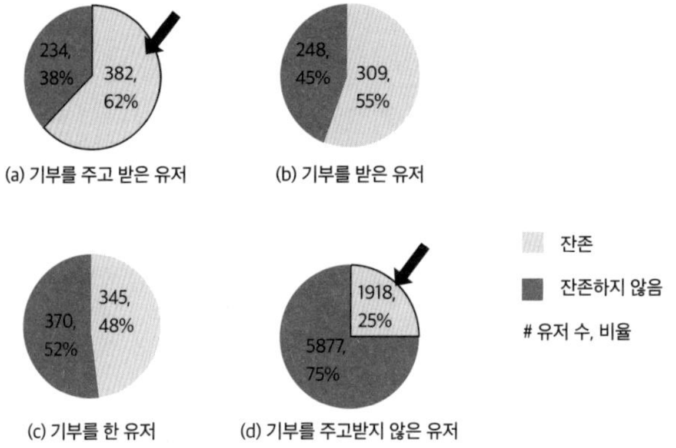

〈그림 19〉 기부 행위를 주고받은 경험이 있는지에 따라 네 가지 유형을 나눈 후 잔존율을 비교한 그래프. 선행을 주고받은 경험이 모두 있는 집단(a)의 잔존율은 62%이지만, 어떤 선행도 경험하지 않은 집단(d)의 잔존율은 25%에 불과하다.[3]

데, 이런 경우 기부 행위와 잔존율 사이의 높은 상관성은 게임에 대한 애착이라는 공통 원인으로 인해 관측된 결과일 수 있다. 혹은 MMORPG처럼 사회성이 필요한 게임을 오래 하기 위해서는 기본적으로 호혜적 성향이 필요한데, 그런 성향이 낮은 경우 게임에 적응하지 못하고 이탈한 것인지도 모른다. 이렇게 여러 가설을 고려해 좀 더 엄밀한 인과 추론 모형을 설계해 분석한다면 좀 더 정확한 인과관계를 파악할 수 있을 것이다. 비록 이런 한계점은 있지만 강 교수의 연구는 가상 세계에서도 선행이 전파되는 경향이 있음을 데이터를 통해 보여줬다는 점에서 의미가 있다.

가상 세계 인플루언서의 영향력

앞서 소개한 논문이 기부 행위라는 특정 선행이 미치는 영향에 관한 연구였다면, 이번에는 사회적 성향의 사용자가 다른 사용자에게 미치는 영향에 관해 연구한 사례도 살펴보겠다. 유비소프트Ubisoft의 자문위원이면서 덴마크 왕립 예술 아카데미 교수인 알레산드로 카노사Alessandro Canossa는 2019년에 〈멀티플레이어 온라인 슈팅 게임의 인플루언서: 게임 활동 시간 및 사회적 행동에서 사회적 전염의 증거Influencers in Multiplayer Online Shooters: Evidence of Social Contagion in Playtime and Social Play〉라는 논문을 발표했다.[4] 카노사는 유비소프트의 온라인 게임인 〈톰 클랜시의 디비전Tom Clancy's The Division〉이라는 게임 데이터를 이용해서 '인플루언서'가 다른 사용자에게 어떤 영향을 미치는지를 분석했다. 우리는 보통 SNS나 인터넷 방송 등에서 막대한 팔로워를 거느리거나 높은 인지도를 갖는 사람을 인플루언서라고 부른다. 이 논문도 이와 비슷하게 온라인 게임에서 남들보다 훨씬 많은 사용자와 소통하거나 관계를 형성하는 사용자를 인플루언서라고 정의했다.

논문에서는 이런 인플루언서를 분류하기 위해 약 20만 명의 사용자가 같이 게임을 하거나 친구 관계를 맺은 활동 정보를 이용해서 사용자의 사회 연결 네트워크를 구축한 후 '중심성Centrality' 지표를 계산했다. 중심성이란 어떤 네트워크 구조가 있을 때 이 중에서 가장 중요한 위치에 있는 대표 노드를 찾을 때 사용하는 네트워크 분석 기법이다. 어떤 사람이 사회적으로 가장 중요한지 판단하는 기준이 사람마다 조금씩 다르듯 중심성 지표를 계산하는 방법 역시 다양하다.

카노사는 이미 알려진 여러 가지 다양한 중심성 지표 중에서 가장 널리 사용되는 방법 여섯 가지를 선정해 사용자의 사회 네트워크에 적용했고, 이를 통해 여섯 가지 지표가 모두 고르게 높은 49명의 사용자를 선정해 이들을 인플루언서로 분류했다. 〈그림 20〉은 전체 사용자의 사회 네트워크와 이 중에서 선정한 인플루언서를 표시한 시각화 자료다. 전체 네트워크는 여러 개의 소규모 네트워크 집단으로 분절되어 있으며, 다른 사람보다 큰 노드로 강조된 것이 중심성 지표를 이용해 선정한 인플루언서이다.

이 논문에서 연구팀은 크게 두 가지 가설을 세우고 분석을 진행했다. 첫째, 인플루언서의 네트워크에 포함된 사용자는 이전에 비해 게임 실행 시간이나 사회적 활동이 증가할 것이다. 둘째, 인플루언서의 네트워크에 속한 사용자는 다른 일반적인 네트워크에 속한 사용자보다 게임 실행 시간이나 사회적 활동

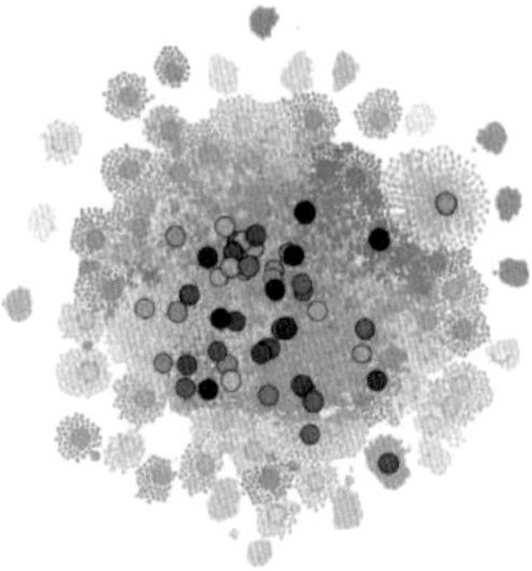

〈그림 20〉〈톰 클랜시의 디비전〉의 사용자 간 사회관계 네트워크 시각화 자료. 그림에서 큰 동그라미로 강조된 노드가 인플루언서다.[5]

량의 증가 폭이 더 클 것이다. 여기서 두 번째 가설은 사람들이 보통의 사회 집단에 속해 활동하는 상황에 비해 인플루언서의 영향력이 얼마나 더 큰지 확인하기 위해 설정했다.

특히 인플루언서의 영향력을 좀 더 확실하게 파악하기 위해 연구팀은 대조 집단을 선정할 때 임의로 선정한 일반 집단 외에도 파워 유저라는 집단을 추가로 선정했다. 파워 유저란 인플루언서만큼 사회적 관계가 활발하지는 않지만 게임 활동은 더 우수한 사용자를 뜻한다. 저자들은 파워 유저 집단을 추가적인 대조군으로 사용함으로써 게임 자체에 관한 흥미와 열의로 인해 생긴 현상을 친사회적 성향이 게임에 미치는 영향으로 오해하는 것을 피하고자 했다. 정리하자면, 연구팀은 인플루언서의 영향력을 확인하기 위해 아래와 같은 집단 세 개를 선정했다.

- A 집단: 최소 1년 이상 게임을 실행한 사용자 중 인플루언서와 같이 활동한 사용자(실험군)
- B 집단: 최소 1년 이상 게임을 실행한 사용자 중 파워 유저와 같이 활동한 사용자(대조군 1)
- C 집단: 최소 1년 이상 게임을 실행한 사용자 중 임의로 선정한 사용자와 같이 활동한 사용자(대조군 2)

이렇게 선정된 세 개 집단에 대해 해당 집단에 속하기 전과 후 각각 2주간의 게임 활동 데이터를 집계한 후 그 변화를 비교했다. 분석 결과에 따르면 인플루언서와 같이 활동한 A 집단은 하루 평균 게임 실행 시간이 1.8시간에서 2.2시간으로 약 0.4시간 증가했으며 게임 내에서 집단 활동의 비율이 41%에서 59%로 약 18%p 증가했다. 그에 비해 B 집단과 C 집단의 일 평균 게임 실행 시간이나 집단 활동의 비율에는 큰 변화가 없었다. 〈표 3〉은 이 내용을 정리한 것이다.

연구팀은 더 나아가 각 집단에서 활동한 사용자들의 1년 후 데이터를 추적해 이들의 중심성 지표가 어떻게 달라졌는지 확

구분	A 집단		B 집단		C 집단	
	이전	이후	이전	이후	이전	이후
일 평균 게임 실행 시간	1.78	2.21	3.39	3.36	1.60	1.61
집단 활동 비율	41%	59%	60%	65%	39%	38%

〈표 3〉 세 개 집단의 집단 참여 전/후 게임 실행 시간과 집단 활동 비율 비교표[6]

인했다. 그 결과 인플루언서와 같이 활동했던 A 집단의 사용자 중 1년 후에도 게임 활동을 유지한 사용자의 25.7%가 새로운 인플루언서로 분류되는 것을 확인할 수 있었다. 반면 같은 기간에 B 집단과 C 집단에서 활동한 사용자 중 새로 인플루언서로 등극한 비율은 각각 6%와 1%에 불과했다. 현실 세계에서 인플루언서를 따르는 수많은 사람이 자신도 인플루언서가 되길 원하고 실제 그렇게 되는 경우가 많듯, 가상 세계에서도 인플루언서를 따르는 사용자는 본인도 인플루언서가 되는 것이다. 가상 세계에서도 인플루언서가 다른 이에게 미치는 영향력을 결코 무시할 수 없다는 점을 알 수 있는 흥미로운 자료다.

친사회적 게임은 사회성에 영향을 미칠까

지금까지 소개한 사례는 각각 현실 세계와 가상 세계 속에서 사람들 사이에 선행이나 사회적 영향력이 전파되는지 연구한 것이다. 이처럼 현실 세계나 가상 세계에서 어떤 이의 행동이 다른 이에게 영향을 미칠 수 있다면 이런 영향력이 두 세계의 경계를 넘어서도 전파될 수는 없을까? 이를테면 가상 세계에서 경험한 선행이나 친사회적 행동으로 인해 현실 세계의 활동이 영향을 받는 것도 가능할지 궁금해진다. 이를 확인해 보기 위해 인스브루크 대학의 토비아스 그라이트마이어Tobias Greitemeyer 교수는 참가자를 모집한 후 총 네 가지 실험을 진행한 후 분석 결과를 한 심리학 저널에 발표했다.[7]

연구팀은 먼저 참가자를 크게 두 개 집단으로 나눈 후 한 집단에는 친사회적 성격을 갖는 게임인 〈레밍스Lemmings〉를 하도록 하고 다른 집단에는 사회성과 무관한 중립적 성격을 갖는 퍼즐 게임인 〈테트리스Tetris〉를 하게 했다. 실험 의도를 모르도록 참가자들에게는 사전에 게임성을 실험하려는 목적이라고 설명했으며, 게임이 끝난 참가자들에게는 이와 관련된 설문지 작성을 요청했다.

설문지 작성이 끝난 참가자들이 실험실을 나갈 때 실험자는 미리 의도한 대로 연필통을 떨어뜨린 후 한숨을 쉬며 떨어진 연필들을 줍기 시작했다. 눈치 빠른 독자는 짐작했겠지만, 실험의 의도는 이 모습을 본 참가자들이 실험자를 도와 연필을 줍는지 확인하려는 것이었다. 실험 결과 친사회적 게임인 레밍스를 실행한 참가자들이 중립적 게임인 테트리스를 실행한 참가자들보다 연필 줍는 것을 도와주는 비율이 높았다. 레밍스를 실행한 집단은 총 18명의 참가자 중 12명이 도와주었지만, 테트리스를 실행한 집단은 18명 중 6명만 도와준 것이다.

그라이트마이어는 첫 번째 실험의 경우 실험자가 참가자의 상태를 알고 있어서 결과 판정에 영향을 줄 수 있다는 점(이것을 '관측 편향'이라고 한다)을 보완하기 위해 이번에는 게임 실행을 도와준 실험자와 나중에야 참가자의 게임을 인지한 실험자를 분리한 후 똑같은 실험을 진행했다. 이때 두 번째 실험자는 참가자가 어떤 게임을 했는지 모르는 상태였다. 이 실험에서도 같은 결과가 나왔다. 즉, 친사회적 게임을 한 참가자가 중립적인 게임을 한 참가자보다 좀 더 실험자를 돕는 비율이 높았으며, 이것은 통계적으로도 유의한 결과였다.

두 실험에서 참가자에게 요구한 행동은 비용이 그리 많이 들지 않는 것이었다. 따라서 연구팀은 남을 돕는 데 더 큰 노력이 필요한 상황에서도 이런 효과가 관측되는지 추가 실험을 진행해보았다. 이를 위해 세 번째 실험에서는 미리 남녀 실험자가 전 애인 관계인 것처럼 역할을 나눈 후 참가자 앞에서 남성 실험자가 여성 실험자를 괴롭히는 상황을 연출했다. 자칫하면 불필요한 분쟁에 말려들 수 있는 부담이 있는 상황에서도 참가자가 과연 괴롭힘을 당하는 여성 실험자를 도와줄 것인지를 확인하려는 의도였다. 이 실험에서도 친사회적 게임을 실행한 참가자가 그렇지 않은 참가자에 비해 여성 실험자를 도와주는 비율이 높았다. 18명의 친사회적 게임 사용자 중 10명이 여성 실험자를 도와주었지만, 대조군 집단에서는 18명 중 4명만 도와주었다.

그라이트마이어는 마지막으로 친사회적 게임이 사람들의 행위에 영향을 준 원리가 구체적으로 무엇인지 파악하기 위해 첫 번째 실험(연필 줍기)에서 진행한 설문 조사에 이와 관련된 문항을 넣은 후 분석을 진행했다. 설문지는 얼핏 게임의 재미와 관련된 요소를 작성하게 되어 있었지만, 그 안에는 참가자가 가진 사회성과 관련된 특징을 분석할 수 있는 항목이 들어 있었다.

그래서 연구팀은 참가자들이 답변한 설문지에 대해 '매개효과 분석Mediation Analysis'을 시행했고, 이를 통해 이들이 가진 친사회성이 어느 정도인지를 추정했다. 이 분석에 따르면 친사회적 게임을 한 참가자들은 문항 분석을 통해 측정된 친사회성 수준 역시 중립적인 게임을 한 참가자에 비해 높게 나타났으며 통계적으로도 유의한 상관성이 있었다. 정리하자면, 친사회적 게임을 한 집단은 중립적 게임을 한 집단에 비해 단순히 남을 돕는 행동을 하는 경향만 높아진 것이 아니라 실제 친사회적 생각을 갖는 경향도 증가한 것이다.

그라이트마이어의 논문처럼 인위적인 환경에서 실험한 것이 아닌 일상적인 상황에서 게임의 친사회적 요소가 개인의 사회성에 미치는 영향을 분석한 연구도 있다. 미국국립보건원에서 2009년에 발표한 〈친사회적 행동에 관한 친사회적 비디오 게임의 효과: 상관관계, 종적 및 실험적 연구의 국제적 증거 The Effects of Prosocial Video Games on Prosocial Behaviors: International Evidence from Correlational, Longitudinal, and Experimental Studies〉는 싱가폴, 일본, 미국의 다양한 연령대 학생을 대상으로 게임이 사회성에 미치는 영향을 조사한 논문이다.[8] 이들은 설문 조사 및 관찰 실험을 통해 친사회적 게임이 현실 세계에서의 사회성에 장단기적으로 어떤 영향을 미치는지 통계적으로 분석했다.

총 세 가지 연구가 진행되었다. 먼저 싱가폴 중학생을 대상으로 평소 즐기는 비디오 게임과 친사회성 사이의 연관성을 분석하기 위해 총 727명에게 좋아하는 게임 세 가지와 일주일에 게임을 즐기는 시간, 게임 안에서 다른 사용자와 어떤 상호작용을 하는지 등을 조사한 후 친사회성 측정을 위한 설문 조사를 진행했다. 집계된 자료를 회귀 분석한 결과 친사회적 게임에 노출된 시간은 친사회성과 양의 상관성이 있지만 공격성과는 음의 상관성이 있었다.

다만 이 분석에서 상관성은 확인할 수 있지만 인과적인 해석을 하기에는 무리가 있었다. 그래서 두 번째 실험은 게임 습관에 관한 질문과 친사회성 평가 실험 사이에 3~4개월 정도의 시간 간격을 두고 진행했다. 이 실험에서도 친사회적 게임에 노출된 시간과 친사회성 사이에 통계적으로 유의한 결과가 나왔다.

마지막으로 세 번째 실험에서는 게임이 미치는 단기적인 영향력을 더 자세하게 측정해보기 위해 20분 동안 친사회적 게임과 폭력적 게임, 중립적 게임 중 각 2개씩을 임의로 실행한 후 사회성을 측정하는 설문을 진행했는데, 여기에서도 사회성과 통계적으로 유의한 상관성이 있는 것으로 분석되었다. 정리하자면, 게임은 개인의 사회성에 장기적인 영향을 미칠 뿐 아니라 단기적인 효과도 있었다.

또한 글레나 이튼Glena Iten의 연구[9]에 따르면 게임에서의 친사회적 행동은 현실 세계에서의 기부 행위 증가와 상관성이 있었다고 한다. 그런데 이 논문에서 흥미로운 점은 친사회성에 미치는 긍정적인 효과가 게임 내에서 친사회적 행동에 대한 보상이 주어지지 않는 상황에서 더 크게 나타났다는 데 있다.

이런 결과에 관해 저자는 게임 안에서 똑같이 친사회적 행동을 하더라도 보상 여부에 따라 사용자에게 미치는 심리적 영향이 다르다고 추정했다. 다시 말해 게임 안에서 누군가를 도와준 행동에 대한 보상이 없는 상황에서는 도움이 사용자의 친사회적 자아 개념에 긍정적인 영향을 미치며, 이 때문에 현실 세계에서의 기부 행위 증가로 이어진다는 것이다. 반면, 남을 도와준 행위에 보상이 개입되는 순간 사용자는 무의식적으로 이를 친사회적 행동이 아닌 가치 교환 행위로 인식하기 때문에 현실 세계에서의 친사회적 행동으로 이어지지 못하는 것이 아닌가 싶다. 이 연구 결과만으로 구체적인 원리를 단정할 수 없지만, 우리가 게임을 통해 의도적으로 사용자의 사회성을 제어하려는 시도는 특정 행동 자체를 교정할 수 있을지는 몰라도 현실 세계에서의 사회적 성향을 바꾸는 데는 그다지 효과가 없을지도 모른다는 점을 보여준다.

가상 세계는 매트릭스인가

2001년 8월 한 〈리니지〉 사용자가 사고를 당해 수술을 받아야 했다. 긴급 수혈이 필요했지만 희귀 혈액형인 Rh-O형이었기에 수술에 필요한 혈액이 부족한 상황이었다. 그런데 이 소식을 들은 〈리니지〉 사용자들이 게임 채팅창을 통해 Rh-O형이 필요하다는 글을 올리기 시작했다. 이렇게 널리 전파된 채팅을 본 한 Rh-O형을 가진 〈리니지〉 사용자가 헌혈에 자원해 사고를 당한 사람은 무사히 수술을 마칠 수 있었다. 선행이 알려지자 엔씨소프트에서는 헌혈한 사용자에게 1년 무료 이용권과 감사패 그리고 '생명의 검'이라는 해당 사용자만 쓸 수 있는 전용 아이템을 만들어 선물했다. 이 사연은 게임에 대한 부정적인 인식이 만연하던 당시에 훈훈한 미담으로 언론에도 알려지면서 큰 화제를 불러일으켰다.

이 외에도 온라인 게임 사용자들 사이에는 비슷한 미담이 많이 있다. 2012년 선천적인 장애를 안고 태어난 한 아기의 부모가 어려운 형편 때문에 수술비가 모자라 도움을 호소하자 〈리니지〉 운영 담당자는 이 사연을 홈페이지에 공지했고, 이를 본 많은 사람이 모금 운동에 동참해 아기는 무사히 수술을 받았다.[10] 스마일게이트의 MMORPG 〈로스트 아크Lost Ark〉에서는 청각 장애로 어려움을 겪던 사용자를 위해 같은 편이 되어 주요 임무를 완수하는 데 도움을 준 사연이 커뮤니티에서 화제가 되었다.[11] 〈소울워커Soul Worker〉라는 게임에서는 몇몇 사용자가 게임 운영진에게 선물을 보낸 것이 알려지면서 운영진에게 선물 보내기가 점점 퍼졌다. 이에 감동한 운영진이 자신들이 받은 선물을 미혼모 복지시설에 기부하자 이 소식을 접한 사용자들이 이번에는 복지시설에 기부한 후 이를 인증하는 글을 올리기 시작하면서 기부 운동으로 크게 퍼진 사례도 있다.[12]

게임에 부정적인 시각을 갖는 사람 중에는 게임 사용자를 현실 세계는 외면한 채 무의미한 가상 세계에 빠져 지내는 일종의 현실 도피자로 바라보는 이도 있다. 하지만 내가 생각하기에 게임 속 가상 세계는 현실과 유리된 도피처가 아니라 현실 사회와 크게 다르지 않은 사회관계를 수행하는 확장된 세계다. 몇몇 극단적인 사건을 통해 게임이 반사회적인 영향을 준다고 단정하는 사람들이 있지만, 앞에서 소개한 미담을 통해 알 수 있듯이 게임 사용자들은 같은 취미를 공유하는 이들과 함께 서로 도움과 기부를 주고받는 호혜적이고 친사회적인 모습 또한 보여주고 있다. 게다가 이번 장에서 소개한 여러 연구에 따르면 가상 세계에서의 활동은 인간이 사회성을 형성하는 데 현실 세계 못지않은 영향을 줄지도 모른다. 이와 같은 연구가 더욱 정밀해져서 가상 세계와 현실 세계의 연관성을 정확하게 밝힐 수 있다면, 그때는 우리 인간이 성장하고 살아가는 공간이 현실 세계인지 가상 세계인지는 그리 중요하지 않을지도 모른다.

영화 〈매트릭스The Matrix〉에서 모피어스는 네오에게 매트릭스 속 가상 세계에서 깨어나 현실 세계로 나오라고 일깨운다. 하지만 다른 시각에서 바라보면 가상 세계는 현실과 동떨어진 허상이 아닐지도 모른다. 자신들이 살아가는 대륙이 전부라 생각했던 유럽인이 신대륙을 발견하고 세계관이 확장되었듯, 지구가 우주의 중심이라 생각했던 이들이 지동설을 통해 생각의 틀을 깨고 우주로 나아갈 수 있었듯, 우리가 현실 세계만이 실체라는 틀을 깨고 가상 세계로 한 걸음 나아간다면 그 앞에는 기존에 미처 알지 못했던 새로운 가능성이 펼쳐져 있을 것이다. 문득 이 책을 읽는 독자 중 누군가가 먼 미래에 가상 세계의 콜럼버스나 코페르니쿠스로 불린다면 무척 근사하겠다는 상상을 해본다.

주

들어가며

1 Edward Castronova, "Virtual Worlds: A First-Hand Account of Market and Society on the Cyberian Frontier", *SSRN*, 2002. 01. 14. 〈https://papers.ssrn.com/sol3/papers.cfm?abstract_id=294828〉

2 2022년 3월 기준으로 그의 논문은 SSRN에서 약 5만 번 다운로드가 되었으며, 초록 조회 수는 29만 회를 넘어섰다. 또한 구글 스칼라에 따르면 논문 인용 수가 981회인데, 최근에도 꾸준히 인용되고 있다.

3 사이트 주소는 다음과 같다. 〈https://terranova.blogs.com/terra_nova/〉

4 여기에서 소개한 캐스트로노바의 일화 및 그의 연구와 관련된 좀 더 자세한 이야기가 궁금하다면 다음을 참고하라. Clive Thompson, "Game Theories", *WALRUS*, 2004. 06. 12. 〈https://thewalrus.ca/game-theories/〉

5 Park Sang-U and Heo Jun-Seok, 〈MMORPG 현금거래 시장의 발생 동기와 경제적 기능〉, *Communications of the Korean Institute of Information Scientists and Engineers*(정보과학회지) 23.6(2005), pp. 42~49.

1장 종말과 팬데믹: 서비스 종료, 게임 최후의 날

1 이 영상은 다음의 웹페이지에서 볼 수 있다. 디스이즈게임유튜브, "파이날 판타지 14 서비스 종료 영상 FINAL FANTASY XIV: A Realm Reborn - End

of an Era", *YouTube*, 2014. 10. 13. 〈https://www.youtube.com/watch?v=Rdo-8c2x6Ew&t=353s〉

2 〈파판 14〉의 구버전 서비스 종료 및 리부트를 위한 종말 콘텐츠에 관한 기사와 글은 여러 곳에서 확인할 수 있다. 대표적인 기사로는 다음을 참고하라. 임지민, "파판 14, 서비스 종료되며 게임 세계도 멸망을 겪었다", *게임메카*, 2015. 05. 26. 〈https://www.gamemeca.com/view.php?gid=844807〉; 서비스 종료 당시 게임 사용자가 녹화한 동영상은 다음의 사이트에서 직접 확인할 수 있다. Roivas Alenko, "Final Fantasy XIV: Last Moments of Eorzea & Final", *YouTube*, 2012. 11. 12. 〈https://www.youtube.com/watch?v=TzLUASTdV5g&t=418s〉

3 그림 출처: "그때 그 게임계 역사에 길이 남은 역대급 섭종 빌드업.gif", *dmitory*, 2020. 09. 04. 〈https://www.dmitory.com/game/146176557〉

4 그림 출처: "Game Over", *99% INVISIBLE*, 2015. 02. 17.

5 〈심즈 온라인〉 종료와 관련된 좀 더 자세한 이야기는 다음을 참고하라. 박명기, "게임 '심즈온라인' 종료, 평온한 죽음 '감동'", 《한경닷컴 게임톡》, 2020. 04. 14. 〈https://gametoc.hankyung.com/news/articleView.html?idxno=54601〉; 게임문학관, "온라인 게임 속 세상의 종말", *brunch*, 2019. 12. 21. 〈https://brunch.co.kr/@gamemoonak/1〉; 서비스 종료 순간에 대한 영상과 DJ 코멘트는 다음의 웹페이지에서 직접 확인할 수 있다. "Game Over", *99% INVISIBLE*, 2015. 02. 17. 〈https://99percentinvisible.org/episode/game-over/〉

6 베타 테스트beta test란 온라인 게임을 정식으로 출시하기 전에 최종 테스트 및 사람들의 반응을 확인하기 위해 정해진 기간만 공개하는 테스트를 뜻한다. 미리 신청받아 정해진 사람들만 참여시키기도 하지만, 최종 테스트에서는 제약 없이 실제 서비스와 비슷한 수준으로 진행하기도 한다. 참고로 이 연구에서 이용한 〈아키에이지〉 베타 테스트는 사전 신청자를 대상으로 진행되었다.

7 'WWW Conference'는 2018년부터 'The Web Conference'로 이름이 바뀌었다.

8 Kang Ah-Reum, et al., "I Would Not Plant Apple Trees If the World Will Be Wiped: Analyzing Hundreds of Millions of Behavioral Records of Players During an MMORPG Beta Test", *Proceedings of the 26th International Conference on World Wide*

Web Companion, 2017. 04., pp. 435~444

9 그림 출처: 강아름 외, 〈세상이 끝장난다면 난 사과나무를 심지 않겠다〉

10 '오염된 피' 사건에 대한 좀 더 상세한 내용은 다음을 참고하라. "Corrupted Blood incident", *Wikipedia*, last edited 2022. 07. 11. 〈https://en.wikipedia.org/wiki/Corrupted_Blood_incident〉; 오시영, "게임 속에서 '코로나19' 같은 전염병이 퍼진다면?", 《IT조선》, 2020. 12. 27. 〈http://it.chosun.com/site/data/html_dir/2020/12/26/2020122600793.html〉

11 Eric T. Lofgren and Nina H. Fefferman, "The untapped potential of virtual game worlds to shed light on real world epidemics", *The Lancet Infectious Diseases* 7.9 (2007), pp. 625~629.

12 그림 출처: Eric T. Lofgren and Nina H. Fefferman, *Ibid.*

2장 인센티브: 게이머를 위한 당근과 채찍

1 이 어린이집 사례는 두 명의 경제학자에 의해 진행된 실험이었으며 다음의 논문으로 발표되었다. Uri Gneezy and Aldo Rustichini, "A Fine is a Price", *The Journal of Legal Studies* 29.1 (2000), pp. 1~17.

2 손성진, 〈한국프로야구 선수의 FA 계약 전후 경기력 비교 연구〉, 석사학위논문 명지대학교 기록정보과학전문대학원, 2017.

3 그림 출처: 손성진, 앞의 글.

4 Heather M. O'Neill, "Do Hitters Boost Their Performance During Their Contract Years?", *Baseball Research Journal* Fall(2014).

5 Miguel-Ángel Gómez, et al., "Analysis of Elite Soccer Players' performance before and after signing a new contract", *PLoS one* 14.1(2019).

6 Bengt Larsson, "Becoming a Winner But Staying the Same: Identities and Consumption of Lottery Winners", *The American Journal of Economics and Sociology* 70.1(2011), pp. 187~209.

7 이 분석에 관해 좀 더 자세한 내용이 궁금하다면 다음을 참고하라. DANBI,

"게임 플레이어는 좋은 아이템을 획득하면 게임을 더 열심히 하게 될까?", *nc DANBI*, 2021. 05. 13. 〈https://danbi-ncsoft.github.io/works/2021/05/13/class_get_causal_analysis.html〉

8 그림 출처: DANBI, 앞의 글.

9 좀 더 상세한 분석 결과를 확인하려면 다음을 참고하라. DANBI, "PK를 당한 유저는 게임에서 이탈할까?", *nc DANBI*, 2020. 06. 17. 〈https://danbi-ncsoft.github.io/works/2020/06/17/works-pk_analysis.html〉

3장 조직 경영: 길드와 회사의 흥망성쇠

1 바츠해방전쟁의 상세한 전말이 궁금한 독자들은 다음의 글들을 읽어보기 바란다. 슈리아, "바츠 해방전—온라인 게임에서 울려퍼지는 자유의 외침", *egloos*, 2007. 06. 18. 외 〈http://tbfldk.egloos.com/tag/바츠해방전쟁〉; 이인화, 《한국형 디지털 스토리텔링: 「리니지2」 바츠 해방 전쟁 이야기》, 살림, 2005.

2 Nicolas Ducheneaut, et al., "The Life and Death of Online Gaming Communities: A Look at Guilds in World of Warcraft", *Proceedings of the SIGCHI Conference on Human Factors in Computing Systems*, 2007. 04., pp. 839~848.

3 그림 출처: Nicolas Ducheneaut, et al., *Ibid.*

4 그림 출처: Nicolas Ducheneaut, et al., *Ibid.*

5 Chung Taejoong, et al., "Unveiling group characteristics in online social games: a socio-economic analysis", *Proceedings of the 23rd international conference on World wide web*, 2014. 04., pp. 889~900.

6 그림 출처: Chung Taejoong, et al., *Ibid.*

7 그림 출처: Chung Taejoong, et al., *Ibid.*

8 그림 출처: Chung Taejoong, et al., *Ibid.*

1 다음의 기사 제목을 빌려왔다. Newsweek Staff, "The 'Ultima' Gold Rush", *Newsweek*, 1999. 05. 02. 〈https://www.newsweek.com/ultima-gold-rush-166884〉; 또한 여기서 소개하는 내용은 다음의 사이트에 실린 기사를 재구성한 것이다. "Computer gaming for profit", *CNN Money*, 1999. 03. 05. 〈https://money.cnn.com/1999/03/05/life/ultima/〉; Ashley Dunn, "Virtual Sales Showing a Profitable Reality", *Los Angeles Times*, 1999. 03. 15. 〈https://www.latimes.com/archives/la-xpm-1999-mar-15-mn-17568-story.html〉

2 Gendou Knepper, "Interview with an Ultima Online addict", *ars TECHNICA*, 1999. 03. 30. 〈https://arstechnica.com/features/1999/03/uo-interview/〉

3 Daniel Terdiman, "eBay bans auctions of virtual goods", *CNET*, 2007. 01. 30. 〈https://www.cnet.com/tech/gaming/ebay-bans-auctions-of-virtual-goods/〉

4 Park Sang-U and Heo Jun-Seok, *op. cit.*

5 Edward Castronova, "Effects of Botting on World of Warcraft", *Indiana University*, 2007. 11. 13. 〈http://virtuallyblind.com/files/mdy/blizzard_msj_exhibit_7.pdf〉

6 크롱다다, "리니지 각 서버별 아데나 시세 알아보기!", *tistory*, 2015. 11. 27. 〈https://goodman.tistory.com/1864〉

7 동타맨, "2012년 11월 23일 리니지 아덴 골드 및 아이템 시세 현황", *tistory*, 2012. 11. 23. 〈https://chojozo.tistory.com/575〉

8 지봉철, "'리니지' 아이템 현금거래 가격", 《경향게임스》, 2002. 10. 15. 〈https://www.khgames.co.kr/news/articleView.html?idxno=121〉

9 〈http://mypage.iu.edu/~castro/home.html〉 이 글을 쓰고 있는 2022년 4월 현재 이 사이트는 접속이 안 된다.

10 통계청 소비자물가지수 사이트 〈http://kostat.go.kr/incomeNcpi/cpi/index.action〉

11 그림 출처: Lee E., Woo J., Kim H., Mohaisen A. and Kim H. K., "You Are a Game Bot!: Uncovering Game Bots in MMORPGs via Self-similarity in the Wild", *Ndss*, 2016. 02., pp. 1~15.

12 Yamaguchi Hiroshi, "An Analysis of Virtual Currencies in Online Games", *SSRN Electronic Journal*, 2004. 09. 01.

13 Richard Heeks, "Current Analysis and Future Research Agenda on "Gold Farming": Real-World Production in Developing Countries for the Virtual Economies of Online Games", *Development Informatics Working Paper* 32(2008).

14 최석환, "세금 안 내려고 … 게임 아이템 판매 수익 빼돌려서 17억 탈세", 《아시아경제》, 2019. 07. 31. 〈https://www.asiae.co.kr/article/2019073115205198530〉

15 표 출처: Richard Heeks, *Ibid.*

16 Danny Vincent, "China used prisoners in lucrative internet gaming work", *The Guardian*, 2011. 5. 25. 〈https://www.theguardian.com/world/2011/may/25/china-prisoners-internet-gaming-scam〉

17 Lee Yu-Hao and Lin Holin, "'Gaming is my work': identity work in internet-hobbyist game workers", *Work, Employment and Society* 25.3 (2011), pp. 451~467.

18 아제로스, 아덴, 엘리시움은 각각 〈월드 오브 워크래프트〉, 〈리니지〉, 〈아이온〉의 가상 세계 지명이다.

19 김연주, "1조 5천억 지하시장을 당당히 세상 밖에 세우다, '아이템베이' 김치현 회장", 《자유기업원》, 2016. 03. 11. 〈https://cfe.org/20160311_10616〉

20 이용성, "메타버스 기반 가상 부동산, 29억원에 팔렸다", 《조선비즈》, 2021. 11. 26. 〈https://biz.chosun.com/international/international_economy/2021/11/26/YKA3OFIYANE4NAJPE7KPGO47QY/〉

21 방극렬, "부동산까지 번진 '메타버스·NFT 투자 열풍' … 안전성엔 물음표", 《국민일보》, 2021. 11. 27. 〈http://news.kmib.co.kr/article/view.asp?arcid=0924219571&code=11151300&stg=ws_real〉

5장 가상 범죄: 범죄의 도구가 된 게임

1 "Winnti. More than just a game", *SECURELIST*, 2013. 04. 11. 〈https://securelist.com/winnti-more-than-just-a-game/37029/〉

2 R. Alberich, J. Miro-Julia and F. Rosselló, "Marvel Universe looks almost like a real social network", *arXiv preprint cond-mat/0202174* (2002). 저자들의 설명에 따르면, 이 논문은 진지한 목적으로 진행한 연구는 아니고 대중에게 네트워크 분석 기법을 소개하려고 작성한 것이다. 이 논문을 작성한 이유에 관해서는 다음을 참고하라. "Why study the Marvel Universe?", *Universitat de les Illes Balears*, 〈http://bioinfo.uib.es/~joemiro/marvel/graph.html〉

3 Brian Keegan, et al., "Dark gold: Statistical Properties of Clandestine Networks in Massively Multiplayer Online Games", *2010 IEEE Second International Conference on Social Computing*, IEEE, 2010.

4 Kwon Hyukmin, et al., "Surgical strike: A novel approach to minimize collateral damage to game BOT detection", *2013 12th Annual Workshop on Network and Systems Support for Games (NetGames)*, IEEE, 2013.

5 Lee Eunjo, et al., "No Silk Road for Online Gamers!: Using Social Network Analysis to Unveil Black Markets in Online Games", *Proceedings of the 27th International World Wide Web Conference*, 2018.

6 그림 출처: Lee Eunjo, et al., *Ibid.*

7 그림 출처: Lee Eunjo, et al., *Ibid.*

8 그림 출처: Lee Eunjo, et al., *Ibid.*

9 김근욱, "'세뱃돈 효과' … 설 연휴 게임·앱 결제액 증가율 추석의 2배", 《뉴스1》, 2021. 02. 09. 〈https://news1.kr/articles/?4207903〉

10 그림 출처: Lee Eun Jo, "온라인 게임 보안을 위한 머신러닝 시스템 연동 방안", *Review of KIISC* 26.3, 2016. 06., pp. 30~37.

11 변인호, "'아이템깡', 게임에 드리우는 탈세·자금세탁 등 검은 그림자", 《파이낸셜투데이》, 2020. 01. 10. 〈https://www.ftoday.co.kr/news/articleView.html?idxno=113769〉

12 이현수, ""1억 아이템 아들에게" 게임 악용한 탈세 의혹", 《전자신문》, 2020. 01. 21. 〈https://m.etnews.com/20200121000186〉

13 김나은, "4,000만원짜리 '리니지' 아이템 사기친 간 큰 형제", 《서울경제》, 2016. 05. 25. 〈https://www.sedaily.com/NewsVIew/1KWG9Q1UJA〉

14 "'리니지 아이템' 사기에 30대 회사원 자살까지…", 《세계일보》, 2012. 04. 01. 〈https://m.segye.com/view/20120401020477〉

15 심정선, "리니지2, '먹자' 꼭 잡는다 … 불굴의 추적자", 《데일리이스포츠》, 2016. 02. 12. 〈http://m.dailyesports.com/view.php?ud=2016021218574496880〉

16 시하, "아키에이지의 색다른 시스템, 재판", *아키에이지*, 2013. 01. 07. 〈https://archeage.xlgames.com/community/openboards/40263?page=8&tagSet=재판〉

17 그림 출처: 2걍타이, "아키에이지 재판을 받았습니다ㅋㅋㅋㅋ", *인벤*, 2013. 01. 08. 〈https://www.inven.co.kr/board/webzine/1288/7118〉

18 Angela Buckingham, "Murder in virtual reality should be illegal", *Aeon*, 2016. 11. 24. 〈https://aeon.co/ideas/murder-in-virtual-reality-should-be-illegal〉

19 김준래, "빅데이터와 AI로 범죄발생 예측한다", 《사이언스타임즈》, 2021. 03. 15. 〈https://www.sciencetimes.co.kr/news/빅데이터와-ai로-범죄발생-예측한다/〉

20 Warwick Ashford, "Big data analytics key to crime fighting, says Microsoft", *Computer Weekly*, 2014. 03. 18. 〈https://www.computerweekly.com/news/2240216325/Big-data-analytics-key-to-crime-fighting-says-Microsoft〉

21 "League of Legends rewards well-behaved players", *BBC*, 2012. 11. 05. 〈https://www.bbc.co.uk/news/technology-20204354〉

6장 호혜성: 가상 세계에서 찾은 선한 마음

1 James H. Fowler and Nicholas A. Christakis. "Cooperative behavior cascades in human social networks", *Proceedings of the National Academy of Sciences* 107.12 (2010), pp. 5334~5338.

2 Kang Ah-Reum, et al., "Altruism in games: Helping others help themselves", *2014 13th Annual Workshop on Network and Systems Support for Games*, IEEE, 2014.

3 그림 출처: Kang Ah-Reum, et al., Ibid.

4 Alessandro Canossa, et al., "Influencers in Multiplayer Online Shooters: Evidence of

Social Contagion in Playtime and Social Play", *Proceedings of the 2019 CHI Conference on Human Factors in Computing Systems*, 2019.

5 그림 출처: Alessandro Canossa, et al., *Ibid.*

6 표 출처: Alessandro Canossa, et al., *Ibid.*

7 Tobias Greitemeyer and Silvia Osswald, "Effects of prosocial video games on prosocial behavior", *Journal of personality and social psychology* 98.2 (2010), pp. 211~221.

8 Douglas A. Gentile, et al., "The Effects of Prosocial Video Games on Prosocial Behaviors: International Evidence from Correlational, Longitudinal, and Experimental Studies", *Personality and Social Psychology Bulletin* 35.6 (2009), pp. 752~763.

9 Glena H. Iten, et al., "Does a prosocial decision in video games lead to increased prosocial real-life behavior? The impact of reward and reasoning", *Computers in Human Behavior* 89 (2018), pp. 163~172.

10 황대영, "희귀 혈액 수혈부터 미혼모 지원까지… 게이머들 가슴 따뜻했네", 《데일리한국》, 2018. 12. 20. 〈http://daily.hankooki.com/news/articleView.html?idxno=587561〉

11 정재훈, "청각장애 게이머 도운 '로스트아크' 유저들", *인벤*, 2021. 03. 25. 〈https://www.inven.co.kr/webzine/news/?news=253580&site=lostark〉

12 서동민, "'소울워커' 유저들, 미혼모 위한 기부경쟁 '4천만원 육박'", 《한경닷컴 게임톡》, 2018. 04. 11. 〈https://gametoc.hankyung.com/news/articleView.html?idxno=47565〉

게임의 사회학

1판 1쇄 발행일 2022년 9월 19일
1판 2쇄 발행일 2024년 7월 15일

지은이 이은조

발행인 김학원
발행처 (주)휴머니스트출판그룹
출판등록 제313-2007-000007호(2007년 1월 5일)
주소 (03991) 서울시 마포구 동교로23길 76(연남동)
전화 02-335-4422 **팩스** 02-334-3427
저자·독자 서비스 humanist@humanistbooks.com
홈페이지 www.humanistbooks.com
유튜브 youtube.com/user/humanistma **포스트** post.naver.com/hmcv
페이스북 facebook.com/hmcv2001 **인스타그램** @humanist_insta

편집주간 황서현 **기획** 전두현 김주원 **편집** 김선경 **디자인** 이수빈
용지 화인페이퍼 **인쇄** 청아디앤피 **제본** 민성사

ISBN 979-11-6080-894-0 03300